Contretemps dans le Mouvement Perpétuel

Précédé de

Julie, la Vie, l'Amour encore…

Brumes et Gelées sur le Quart Nord-Est

Du même auteur aux éditions **GUNTEN** :

– **Le beau monde** - 2008

– **Comme un jeu d'enfants** - 2009

– **Vu de l'intérieur** - 2014

– **Petit vade mecum de l'amour en temps de guerre** - 2016

En collaboration avec **Céline LAMBERT** :

– **Daniel Slimack - Biographie** - 2019

Gérard LAMBERT

Contretemps dans le Mouvement Perpétuel

Précédé de

Julie, la Vie, l'Amour encore...

Brumes et Gelées sur le Quart Nord-Est

GUNTEN

Couverture : ©Depositphotos Inc./dariazu
Droit licence : № 48542607

https://www.editionsgunten.com
ISBN : 978-2-36682-242-7

1 : Julie, la Vie, l'Amour encore ...

«Ne me croyez pas sur parole
Si je vous dis ça
Ce n'est que la chanson symbole
De quelqu'un qui n'existe pas»

Daniel Slimak, *Psyché*

À tenter de ramasser les éclats épars de ma mémoire foudroyée je me coupais les mains, tandis que l'orage qui avait dévasté ma maison grondait encore au loin. Assis sur le tas de cendres de mes souvenirs heureux, je répétais comme un mantra désespéré un prénom d'amour dont l'écho se brisait sur les murs de l'absence. Et déjà, je devais réinventer ton rire et ta voix, comme on court, chaque fois un peu plus loin, à la poursuite des vagues mourantes quand le soleil et la mer se confondent dans l'obscurité d'un jour en allé. De ce qui avait été notre folie heureuse, il ne restait plus que l'épave brisée qu'un courant contraire emportait au loin…

Novembre était bien cette saison grise et sale, où mourir me semblait préférable à regarder se dépouiller les arbres de mon jardin qui ne refleuriraient jamais, j'en étais certain. J'habitais en hiver. Mes prières mêmes débordaient de chagrin et j'insultais le ciel quand je n'implorais pas Dieu de me laisser partir sur tes pas pour ce pays d'où l'on ne revient pas. Ta mort était un mystère douloureux dont je ressassais sans fin les hypothèses, les raisons plausibles, les effets désespérants. Si longtemps je t'avais attendue, tandis que tu me cherchais au bout de ta jeunesse foutraque et toute neuve encore. C'est là que nous nous étions trouvés : dans ce rêve éveillé que nous faisions à distance jusque-là, portant chacun un morceau du puzzle amoureux dont nous étions l'achèvement.

À tant espérer nos retrouvailles, j'espérais hâter l'heure de mon départ. Le moment de quitter ce désert dont je n'imaginais pas sortir autrement qu'en atteignant à mon tour l'ultime oasis où tout enfin serait accompli. Il n'y avait plus de nuit, plus de jour. Il n'y avait plus rien…

… Et les jours sont passés, les mois qui font les années. Vaille que vaille, j'ai dû apprendre à vivre sans ta voix et accepter de revenir au monde sans y reconnaître ton rire. Un matin, relevant la tête de ce manuscrit sur lequel j'occupais mon ennui à me crever les yeux chaque nuit pour renouer le fil ta vie, je me suis étonné de le trouver là, sur le seuil de ma porte : ce printemps que je pensais bien ne plus jamais revoir, était finalement revenu. Il avait le visage de mon père, de mes amis, de copains rentrés de

quelque expédition lointaine, de divorces plus ou moins douloureux, ou simplement d'une commune et lointaine enfance. Je me remis à les écouter me donner des nouvelles du monde. Ce qu'ils disaient m'intéressait à nouveau. Il paraît que je leur manquais et qu'il était temps pour moi de reprendre ma place à la table des vivants. Et dans le vent qui m'a cueilli un plus tard à flanc de colline ce jour-là, c'est dans l'ombre épicée des bois où tu ne me tenais plus la main que j'ai retrouvé les parfums que naguère, j'aimais respirer sur ta nuque et dans tes cheveux…

Est-ce cela faire son deuil ? Savoir ce que l'on a perdu dans l'épreuve, s'en remettre désormais au hasard pour guider le pas qu'il faut bien encore avancer devant l'autre. L'apprentissage avait été rude, mais ce matin-là, je me surpris à me réjouir de cette idée qui, la veille encore, me paraissait abominable : comme des mots d'amour nouveaux que je n'éprouvais plus aucune honte à murmurer, je pensai qu'elle était belle encore, cette vie qui toujours s'obstine et continue…

S'en remettre au hasard donc... Quelques mois plus tard, accompagnant un ami romancier à une séance de dédicaces dans un fond de campagne, je n'avais certes pas l'idée d'y retrouver le goût oublié de plaire et d'être séduit. Passant le seuil de la boutique, *Délices et des Lettres,* comment aurais-je pu deviner que le nom du lieu était une sorte d'invitation à moi adressée ? Que la beauté d'une jeune femme donnerait corps au rêve obstiné et vaguement coupable que la vie, peut-être, n'en avait pas fini avec moi et mon projet insensé de vivre heureux. Malgré tout.

Un tabac-presse en fait, que prolongeait un comptoir d'épicerie fine. Et dans l'angle réservé aux livres, une petite table derrière laquelle je me surpris bientôt à abandonner Guy à ses devoirs d'auteur à succès pour me consacrer à l'observation de notre hôtesse. En admirer le charme, la patience infinie et cette sympathie joyeuse jamais prise en défaut pour chacun de ses clients…

Aimer sa voix déjà. Son regard quand il était pour moi. À ce point que je compris qu'il me faudrait revenir souvent dans ce lieu où j'avais craint de perdre mon temps, ne l'imaginant fait ni pour l'amour ni pour la littérature. Sur le chemin du retour, je pensai « Allons ! Qui aimera verra… La belle libraire ne m'a rien promis et si elle réserve à d'autres ses délices, au moins m'aura-t-elle offert le plaisir d'écrire pour elle…*des Lettres !* ».

De fait, quelques jours plus tard, je lui écrivis une longue lettre d'amour. Depuis quand n'avais-je pas écrit une lettre d'amour ? Quelques mots simples entre lesquels s'engouffrait un torrent de désirs nouveaux et de sentiments sauvés de l'incendie. La relisant, je craignis d'abord que le ciel s'ouvre et que sa fureur me foudroie, comme le Dieu de l'Amour l'avait si souvent fait dans le récit biblique pour punir les hommes de leurs infidélités. N'étais-je pas en train de parjurer mes engagements passés, de trahir une parole autrefois donnée ? D'abandonner en chemin une passion, au seul motif qu'elle n'avait plus ni corps, ni voix, qui aurait dû rester ma seule raison de vivre et de mourir ? Mais non... Le ciel était resté limpide. Un sansonnet dans la haie du verger se chargeait de me rassurer quant à cette réalité des choses humaines : nul ne peut durablement laisser son cœur croupir dans les eaux glacées des regrets et de la mélancolie sous peine de sombrer tout entier dans un chagrin mortifère... Son chant semblait un poème de Khalil Gibran mis en musique par quelque génie bienveillant pour me rappeler que « la vie ne va pas en arrière, ni ne s'attarde avec hier »...

Alors, comme à quinze ans, *presse le pas facteur car l'amour n'attend pas*, je confiai à la Poste mon espoir retrouvé. Et moi qui n'attendais plus rien me remis de nouveau à attendre…

Le temps qui avait passé sans moi avait fait ses effets. Julie me répondit par SMS, quelques mots gentils m'invitant à passer lorsque je le voudrais. Oui, ce serait bien, nous prendrions le temps de parler… Parler ? Je n'imaginais pas que ce fût pour autre chose que parler d'amour. Celui qui à nouveau éclaboussait mes rêves de couleurs nouvelles battait dans mon cœur comme le galop d'un poulain ivre de sa jeunesse. J'achetai des fleurs et courus à notre rendez-vous. La belle était là, plus belle encore que dans mon souvenir (je ne savais pas alors qu'elle était de ces femmes qui embellissent chaque jour un peu plus, pour peu que l'on apprenne à mériter et nourrir leur confiance d'un simple regard par lequel elles se savent reconnues pour ce qu'elles sont. À la fois la source et le feu.)

Agréable on ne peut plus, notre discussion coulait de propos banals en confidences plus intimes, quand mon rêve se brisa sur cet avertissement, brutal à m'en faire éclater les tympans : « … il faut que je te dise ». Elle devait me parler de ces hommes qui depuis quelque temps s'arrachaient son corps et son affection et qui, tout en lui promettant le bonheur, emplissaient sa vie d'attentes déçues et de promesses concurrentes finalement laissées à la consigne. Alors non, elle ne pouvait pas me laisser me fourvoyer dans cette compétition amoureuse dont elle refusait d'être l'enjeu… Qu'avais-je pu croire ? Reconnaître l'amour dans son rire, dans sa voix et ses *façons*.

Mais elle ne m'attendait pas. Elle avait d'autres projets, d'autres soucis, une autre histoire…

C'est ainsi, me dis-je un peu plus tard : au bout d'un quai de chagrin et d'ennui, on espère prendre un train de nuit en partance vers demain et ce qu'il nous reste de jeunesse, mais il vient de partir. Ou alors, il est en retard, ou il n'y a plus de place. Enfin, on le regarde partir et en guise de voyage, il faut s'en remettre à ses seuls souvenirs…

Longtemps, cet épisode resterait une longue leçon de patience... Ainsi, il ne suffisait pas d'aimer vraiment ni de désirer ardemment pour être aimé en retour?

Je n'en voulais pas plus à elle qu'à moi, sachant mieux que personne que ce sont les contretemps de la vie qui manigancent et qui décident. Et puis, j'avais de longue date lu le poète qui m'avait appris qu' *« on vit nos destins impartis/ selon que l'on est femme ou homme/ et nul soit-il meilleur ami/ ne connaît le jeu de personne »*. Je rentrai dans ma tanière, où les années suivantes je vécus avec mon chat.

Quatre, très exactement. Quatre hivers à vivre devant ma vieille cheminée sur laquelle un feu, après avoir consumé le reste de mon chagrin, dévorait à belles dents les échecs et les déconvenues qui avaient précédé l'ouragan et longtemps alourdi mon pas. Quatre étés passés sur ma terrasse, au soleil d'une saison nouvelle qui semblait promettre de ne finir jamais. Et moi qui avais si longtemps vécu dans le fracas du monde, appris à aimer ma solitude ...

Quatre années donc, avec, pour meubler le silence des nuits, les réserves de romans qu'Anne m'avait laissées.

Robert Hasz, Andreï Makine, James Lee Burke et bien d'autres ... dont la lecture, mieux que n'importe quelle médecine, m'invitait à quitter peu à peu les recoins sombres du cœur où je m'étais longtemps terré.

Juillet, ces étés-là, prenait ses aises sur mon vieux toit. Dans cette langueur toute verlainienne, quand plus une feuille ne bougeait dans les arbres de mon verger me venaient des envies de statue. D'être pierre du temps oubliée des bâtisseurs qui, ailleurs, continuaient de s'agiter sans moi et sans considération aucune pour la beauté de l'instant. J'avais quitté la fourmilière et me tenais à distance du troupeau.

« Rêver, méditer… écrire peut-être, me disais-je parfois ». Pourquoi écrire ? Dans ce silence habité par la conscience paisible d'être au monde, j'étais prêt maintenant. C'était de ces journées idéales pour mourir, pleinement réconcilié avec la vie.

J'avais aimé et été aimé, choyé depuis l'enfance bien avant que par les femmes. L'amour ne me devait plus rien…

J'écrivais pourtant. Après ce livre désespéré qui attend encore sa publication dans le tiroir de mon bureau comme d'autres attendent la résurrection des morts, d'autres formes, d'autres mots tombèrent de mes cheveux. Des textes courts qui n'étaient pas des poèmes, pas plus que des nouvelles. Des émotions plutôt, des indignations comme il m'arrivait d'en éprouver quand le malheur du monde venait crier sous mes fenêtres, des rêveries habillées de littérature… Comme un vade-mecum de l'amour en temps de guerre, j'en confiai le recueil à mon éditeur compatissant qui finit par le livrer à la curiosité de quelques *aficionados*.

Le livre se vendit par dizaines (entendez par là que sa diffusion confidentielle ne le plaça jamais dans les têtes de gondoles où se bousculent les best-sellers). Mais dans certains cercles d'illuminés de la chose littéraire, on me prit pour un écrivain…

Mes enfants passaient parfois, depuis quelques temps revenues d'Espagne, d'Écosse, de Chine, du Mexique ou d'ailleurs, où les avaient entraînées leurs études et leurs rêves de jeunesse. Certaines s'étaient mariées, me donnant l'occasion de m'adonner à l'art d'être grand-père. Voilà bien une chose que je n'avais pas eu le temps d'imaginer: devenir grand-père. Voilà bien une fête qui, contre toute attente et d'une de ces façons déconcertantes par lesquelles l'existence se plaît à contrarier les esprits les plus butés, me rendait pour longtemps l'envie de vivre, en même temps que la curiosité de l'avenir. Chaque Noël, regarder les enfants s'émerveiller au pied du grand sapin demeure depuis une raison valable de me réjouir de m'être attardé ici (ici-bas j'entends). D'autant que le cercle des petites têtes, brunes ou blondes, qui croient vraiment trouver dans les cadeaux qu'elles découvrent la réponse à leurs lettres au Père Noël, s'agrandit régulièrement chez nous d'un hiver à l'autre. Au rythme des plus vieux qui entre-temps, ont laissé leur place au sein de la tribu…

Et qu'importe si parmi les rires et les cris de joie, sous les embrassades sincères et les flashs des photos, je me disais qu'il était passé pour moi, le temps des émerveillements sans tache. C'est bien au sein de cette tribu enjouée et chamailleuse qui ne sait rien encore du malheur d'aimer que j'ai finalement réappris à être heureux…

Nous nous attendions sans le savoir. Par pudeur peut-être, par respect pour ce que chacun imaginait de la vie de l'autre, nous ne nous étions pas revus. Une éternité nous séparait. Et des existences si différentes...

Julie, s'il est vrai qu'il n'y a pas de hasard, alors l'idée qui m'est venue ce jour-là de pousser à nouveau la porte de ta boutique est une bénédiction. Un clin d'œil de nos anges gardiens. Une seconde chance accordée à deux étourdis qui, une première fois, avaient laissé tomber de leurs mains le ticket gagnant de la félicité amoureuse...

Je suis entré, fébrile et toujours aussi empoté que l'autre jour. Et tu m'as souri de cette façon qui semblait dire c'est à cette heure-ci que tu rentres?

Il fallait bien que tu me souries ainsi pour que ma vie redevienne une fête. Que tu prennes les choses en main de façon pratique aussi. « Je suis libre ce jour-là, et ceux-là aussi. Tiens, demain nous pourrions manger ensemble? ». Sans cela et à coup sûr, moi qui ne savais plus parler aux femmes serais sans doute rentré chez moi, écrire un poème que je ne t'aurais jamais envoyé... J'ai compris à cet instant de quelle sagesse immémoriale débordait ce dicton qui prétend que *ce que femme veut, Dieu le veut.* C'est un contresens absolu que de l'entendre comme un avertissement contre vos supposés caprices féminins. Plus sûrement, il nomme la détermination, le courage et la force créatrice qui – à nous autres, tout droit descendus de Mars paraît-il – font si souvent, si lamentablement défaut. Ces énergies primordiales sans lesquelles on vivrait dans un monde éteint, vous les portez dans vos bras, vos ventres, vos imaginations. Et vos sourires donc, contre lesquels on ne peut rien…

Le tien venait d'effacer d'un coup d'un seul quatre années d'exil. Quatre ans étaient passés ? J'aurais juré que c'était avant-hier…

À nouveau, je perdais l'appétit, le sommeil et la mémoire. Les clefs de ma voiture et mon temps à faire semblant de travailler.

Tout intérêt pour ce qui retardait l'heure de nos rendez-vous. Pour tout ce qui n'était pas toi.

Se retrouver aux abords de la cinquantaine – toi un peu moins, moi ayant depuis longtemps atteint la berge – ne simplifie en rien les choses. La vie a eu le temps de nous charger de chaînes dont nous ne pouvons espérer défaire les nœuds aussi simplement que ceux de nos lacets de chaussures. Adolescents, il suffit d'attendre que les parents dorment du sommeil des justes pour franchir la fenêtre et courir rejoindre son amoureuse. Plus tard, il arrive que l'amour foudroie des femmes mariées qui n'auront pas assez de larmes pour regretter de s'être liées trop tôt à un autre maintenant devenu quelconque. Des hommes gavés de leurs réussites professionnelles, de leur goût pour les bagnoles et les amitiés viriles, de leurs conquêtes et de leur appétit pour les chairs fraîches et qui, soudain, réalisent qu'ils n'ont plus le temps... Qu'ils vont mourir. L'amour alors pour eux est une catastrophe.

Pour être d'une facture banale, nos chaînes à nous n'en étaient pas moins lourdes à porter. Les obligations professionnelles, les soucis d'argent, l'éloignement géographique... tout ce bazar social avec lequel il fallait composer pour arracher à nos emplois du temps quelques heures de bonheur pur. Jean-Michel, un vieil ami anthropologue à qui je devais mon titre de docteur, tenta bien de me rassurer en me rappelant ce vieux proverbe du désert : *« éloignez vos tentes, rapprochez vos cœurs »*. Je m'en contentai pendant trois jours...

Bien sûr, des milliers d'autres comme nous s'envoyaient à chaque instant des courriels impatients d'un bout à l'autre de la terre, couraient trois fois l'an prendre un avion ou un train des retrouvailles et pleuraient un peu plus tard, quand sonnait l'heure de la fin de la récré. Bien sûr, des amoureux éperdus s'écrivaient encore de longues lettres d'amour. Ils s'offraient des romans parlant de passions douloureuses – mais à la fin toujours heureuse – qui semblaient raconter leur histoire. Ils les lisaient comme autant de promesses à eux faites qu'un jour aussi, la mer s'ouvrirait devant leurs pas et qu'ils pourraient courir rejoindre à pieds secs celui ou celle sans qui les jours pesaient comme des siècles... Ils y croyaient, comment faisaient-ils ? Pour ce qui me concernait, près de soixante balais dans les flancs, je savais bien que le bail de bonheur que la vie me proposait à nouveau, serait de toute façon trop court. Traîner en chemin ou refuser de signer le contrat serait le fait d'un imbécile que je ne voulais pas être. Je remerciai Dieu de ne pas avoir exaucé les prières que je lui adressais cinq ans plus tôt et délaissai mon travail, mes amis, ma maison et mon chat, pour venir vendre avec toi des tickets de loto, des journaux et du tabac…

J'habite chez toi. Je m'en étonne autant que je m'en réjouis, moi qui ne prévoyais plus rien qu'apprendre à vieillir là où la marée m'avait rendu. Il fallait bien que ce soit toi pour que j'accepte de rompre encore une fois les amarres et de quitter l'escale… Car au bout de tant de voyages, de départs et d'égarements, ma décision était prise, je la croyais irrévocable : c'en était fini de l'aventure, de l'agitation des gares et des aéroports internationaux. J'aimais les vieilles pierres de mon refuge, autant que ces pulls usés jusqu'à la trame dans lesquels on se sent mieux que dans tout autre vêtement. Que serais-je allé faire, que me restait-il à voir, puisqu'un amour m'avait quitté et que le tien alors folâtrait sur d'autres chemins ?

Cette part de tendresse perdue sans laquelle tout homme suffoque et se dessèche, je l'avais retrouvée dans les joies simples des vieux messieurs qui n'attendent plus d'autres réjouissances que les floraisons prochaines de leur jardin ou, certains soirs de chance, la rediffusion d'un film qu'ils avaient aimé vingt ans plus tôt. Je vivais avec mes souvenirs. Dans cette bâtisse qui avait été la ferme de mes grands-parents, j'avais l'impression, au nez et à la barbe du percepteur, de disposer de plusieurs résidences, sans jamais devoir pourtant indiquer plus d'une adresse dans ma déclaration annuelle de revenus. Rien d'illégal dans cet aveu que j'aurais été bien en peine de justifier par le moindre signe extérieur de richesse : pas plus que de ces champions de l'optimisation fiscale, je ne suis de ces spéculateurs compulsifs qui investissent dans la pierre, avec un tel talent qu'ils finissent par compter leurs immeubles comme d'autres les moutons, le soir pour s'endormir.

Plus simplement, au temps heureux d'un premier mariage, c'est là que nous avions choisi de nous installer, la mère de mes enfants et moi. Dans cette même demeure où, trente ans plus tard, Anne m'avait rejoint pour y vivre ses dernières saisons…

Aussi, par je ne sais quelle magie heureuse venant égayer mes années de solitude, que je m'y trouvai occupé à tailler les rosiers ou à bêcher le carré de mon potager, c'était l'image de grand-mère préparant ses semis qui me revenait aussitôt. Celle de mon grand-père harnachant son vieux cheval comtois, sur le dos duquel il m'emmenait sillonner le monde de mes sept ans.

Que j'entreprisse de repeindre mes volets, et l'insouciance de mes vingt ans me saisissait aussi sûrement que lorsque je retapais cette bicoque pour en faire une tanière, un refuge, dans laquelle mes enfants avaient grandi comme autant de rêves confiants dans l'avenir. Quatre petites filles devenues grandes, qui n'en finissaient pas, si longtemps après, de jouer à l'élastique sur la terrasse où je m'installais le temps d'une tasse de thé… Et puis, le soir venu, je retrouvais le calme feutré de cette chambre dont j'avais fait mon bureau après le décès d'Anne. Je la retrouvais, selon les caprices de la mémoire, qui m'attendait sur notre lit, ou les yeux fermés sur le douloureux mystère qui venait de l'emporter... Comme si, poussant une porte pour passer d'une pièce à l'autre – ou de la maison au jardin – j'ouvrais une malle de souvenirs, libérant par ce geste l'onde sensible d'une mécanique quantique, qui inscrivait dans le décor toujours changeant d'un présent à peine là déjà enfui, la permanence d'un même amour toujours reconstruit...

D'autres fois, de bons amis venaient cogner au carreau de ma fenêtre. Ils posaient leurs bagages dans un coin, une bouteille sur la table et tout en les écoutant me raconter comment ils m'avaient finalement retrouvé dans ce fonds de campagne, je pensais que Dali avait tout faux. La gare de Perpignan, le centre du monde? *Pff*... De nouveaux calculs établissaient l'endroit longitude 5.843 Est, latitude 47.423. Pile-poil sous le cerisier de mon jardin, où affluaient en toutes saisons ces plénipotentiaires d'une humanité joyeuse et fraternelle. On y avait chanté en grec voici peu, à la mémoire de Yannis Ritsos et fêté l'Aïd El Kebir quelques semaines plus tôt. Un jour, on y avait même célébré la messe, autour d'un vieux prêtre ouvrier qui venait de nous expliquer de quelle manière, son Christ à lui, avait longtemps mis les mains dans le cambouis à Flins, sur les chaînes de chez Renault.

Parfois, un chien dormait aux pieds de son maître, une guitare égrenait des chants de saisonniers et de routards... En juin dernier encore, sous la voûte étoilée de l'été, des voyageurs arrivés de leurs Pouilles lointaines me racontaient la rencontre des marées au large de ces plages où l'Adriatique hésite à se faire méditerranéenne…

Le plus souvent, on se parlait dans un français incertain, un anglais fantaisiste, le langage du cœur qui suffit bien à se comprendre tant que le rosé est frais, l'ombre chaude et les rires sincères. Puis on se levait de table, à l'heure où il n'était plus temps d'aller se coucher. Chacun emportait avec lui une part de ce centre du monde. On se séparait non sans s'être donné rendez-vous à bientôt ou à plus tard, là ou ailleurs, pour de nouvelles fêtes laissées au hasard…

C'est tout cela que j'ai quitté pour te retrouver. J'ai mis la clef sous mon paillasson et suis parti sans me retourner, sans un regret et sans idée de retour.

Ta maison a, elle aussi, la chaleur de ces bâtisses anciennes que le temps a remplies de souvenirs heureux-malheureux, immarcescibles. Ils sont gravés dans les murs, de la cave jusqu'à la poutre faîtière, je les lis à livre ouvert, aussi bien que dans ton cœur quand tu me parles de ton passé.

Comme moi à l'adresse que je viens de laisser, tu étais arrivée là au printemps de ta vie amoureuse, avec un homme gentil et suffisamment aimant pour que tu en fasses le père de tes enfants. Vous aviez retapé l'ensemble de vos mains, des projets faramineux en tête et cette envie de repeindre votre ciel de lit de couleurs qui ne passeraient jamais. Organisé autant de fêtes que le calendrier de votre jeunesse vous le permettait, accueilli mille bons copains et regardé grandir vos filles dans la certitude que jamais rien ne vous distrairait de votre joie.

... Pourquoi les portes un jour se mettent-elles à claquer? Les enfants réfugiées dans leurs chambres, ou mises à l'abri chez tes parents, vous avez eu à votre tour et après tant d'autres, l'une de ces explications aigres et douloureuses qui n'explique rien – ou si peu – du pourquoi ni du comment, un jour on se déchire et l'on se perd...

Cette idée que bien avant de nous connaître, loin l'un de l'autre dans l'espace et le temps, nous avons connu les mêmes épreuves et les mêmes émois, m'attendrit et me désole. Il fallait que nous passions par-là, sous les orages du cœur, pour nous comprendre si bien aujourd'hui. J'entends tes sanglots d'alors ma bien-aimée, et contre toute raison, me reproche de n'être pas venu plus tôt sécher tes larmes et consoler ton chagrin.

Mais ta maison aujourd'hui retrouve le sourire. Tu me reprends et dis «notre maison». Notre chambre. Notre lit. Cela te semble évident, mais comment se peut-il que cela l'ait été pour moi aussi et si rapidement ? Un seul baiser avait suffi pour que nous présentions qu'à tenter de préserver nos libertés, nous nous condamnerions à vivre déchirés. D'un second nous était venue l'idée de ne plus jamais nous quitter.

« Et les teintes d'aimer changèrent... ». Me voilà ce soir à arpenter les rues de ton village. J'ai fait la connaissance de ton voisin. Nous nous sommes serré la main comme de vieux amis avant qu'il me propose d'entrer un instant chez lui et m'offre une chaise, comme à un pèlerin égaré arrivé là au bout d'une trop longue errance. Bilou aurait aimé profiter de l'occasion pour m'entraîner sur ses chemins de fuite habituels. Couché à mes pieds à mon retour, il me regarde avec, dans les yeux, cette affection sincère par laquelle les vieux chiens absolvent les humains de leur ignorance et de leur méchanceté. Avec aussi, une vague jalousie envers tes deux chats qui ont pris sans barguigner de nouvelles habitudes sur mes genoux, d'où ils me ronronnent des mots de bienvenue.

Avant eux, tes parents avaient eu eux aussi des paroles gentilles, d'une courtoisie prudente toutefois. Comme si, habitués qu'ils étaient à voir défiler des soupirants auxquels ils avaient appris à ne pas s'attacher, ils ne pouvaient me laisser croire que je serais le bon cette fois…

De quelle enfance m'arrives-tu, Julie? Lorsque tu te dévêts de tes parures de dame – ton fard, tes bijoux et tes dentelles pour la ville – tu as encore de la paille dans les cheveux et des griffures à tes genoux. Sur le chemin de terre qui borde le canal où tu pars à ton retour oublier les soucis de la journée, je te regarde aller à la suite de ton rire qui nous précède, comme les cerfs-volants de la petite fille que tu as été et dont je tiens alors la main...

D'autres fois, ces soucis posent sur ton visage une ride d'inquiétude qui m'attriste. Ces soirs-là, notre bonheur cède le pas aux exigences de la comptabilité, à la lecture fastidieuse des factures et des commandements, à ton angoisse du lendemain. Les banquiers savent-ils ce qu'ils saccagent dans l'existence des courageux de ton espèce, levés tôt et s'attardant le soir sur leurs livres de comptes, à se demander pourquoi vivre de son travail est d'un prix si élevé? S'ils le savent et s'en contentent, que les plus médiocres d'entre eux soient un jour réincarnés en rats de laboratoire. Dans cet état au moins pourrons-nous leur reconnaître une existence plus utile au bien commun. Ne pouvant rien d'autre pour toi ou si peu quand je te vois ainsi accablée de craintes, je m'obstine à rêver pour nous deux notre rêve heureux...

Mais le plus souvent, à te regarder enluminer chaque matin de ton rire et de ta beauté, je sais qu'il est enfin passé le temps des songes creux et de l'attente vaine.

L'amour a ton corps et ton visage, c'est bien eux qui viennent se blottir dans mes bras – non plus les images éthérées dont je peuplais ma solitude – et bien eux que je caresse. Le temps me paraissait si long alors. Aujourd'hui, il file entre nos doigts comme l'eau qui jaillit de la source intarissable des jours. Par toi, il me redevient précieux et je fouille le fond de mes poches, à la recherche de cette menue monnaie dont je veux pouvoir payer l'octroi à la porte de notre bonheur. Ayant cru voir vu la fin des choses, je m'émerveille de cet amour nouveau, capable d'oubli de tout ce qui a pu nous blesser et nous contraindre, aussi neuf que ceux de nos vingt ans et pareillement généreux en étonnements.

Tu vas et tu viens. Tu ris et me parles. Je te regarde passer de la cuisine au salon, monter l'escalier, disparaître un instant dans une chambre puis revenir – ton pas à la grâce d'une danse. Le bonheur est aussi simple que cela : tu m'as ouvert tes bras, ton cœur, ton lit et la porte de ta maison. Depuis, le doute a rebroussé chemin, et si je dois concéder à d'autres quelques heures de la journée pendant lesquelles tu devras bien penser à d'autres choses qu'à nous, je te regarde t'éloigner, heureux déjà de te retrouver tout à l'heure quand la vie te rendra à moi…

Je t'attends sans impatience. Ces clients qui viennent chercher un peu de ta joie en prétextant acheter leur journal, je les comprends. Comme eux, je me serais remis à fumer, juste pour t'approcher un instant si tu ne m'avais pas donné tes jours et tes nuits. Mais voilà, tu me les as donnés et lire le journal ne m'intéresse plus…

Me voilà donc chez moi chez toi, à l'heure où le crépuscule embrase le parc de ses feux. Il me reste à apprivoiser Fanny, ta luciole de quatorze ans qui ne sait pas encore si elle doit se réjouir pour sa mère, ou craindre une fois encore pour elle de l'inconséquence des hommes. Le temps, et l'amour qui viendra pour elle à son tour la rassureront bientôt... Tout en reconnaissant ta beauté dans son printemps, je refais en pensée le chemin de prétantaine qui m'a conduit ici, où mon soleil se lève et se couche désormais. Je m'endors avec lui serré contre mon cœur et au matin, j'offre mon visage à sa lumière...

Julie défait les liasses de journaux qu'un livreur pressé vient de déposer devant la boutique. C'est l'aube encore. Les nouvelles du matin défilent entre ses mains tandis qu'elle installe hebdomadaires et quotidiens, chacun à sa place habituelle, sur leurs présentoirs. Les titres de une parlent d'une guerre qui n'en finit pas, là-bas, et de la réponse de ce ministre interpellé la veille au Parlement (ainsi nommé parce que de longue date, on y parle – ment vraiment beaucoup). Du temps qu'il fera ce jour. D'un match de foot décisif paraît-il pour l'avenir de la nation. Des réfugiés qui s'obstinent à se noyer en Méditerranée. Du dernier album (ou du dernier livre, dernier show, dernier film) de telle vedette du moment. De quelques faits divers dérisoires, mais finalement tout aussi intéressants...

Julie trouve une place pour chacun. Elle a des gestes de fée Clochette qui invitent tout ce monde à voisiner en paix : la gauche, la droite, l'Humanité et le Figaro, Orelsan et Charles Aznavour, Fakir et Valeurs Actuelles, la revue des chasseurs avec un mensuel d'écologie. Les livres pour enfants et les magazines que l'on ne dit plus de charme depuis qu'ils surenchérissent dans le hard.

Je la regarde ordonner les désordres de l'époque, les vanités en lice et les solidarités bienvenues. Elle tient le monde dans ses mains...

Un premier client passe le seuil, soulagé autant qu'un égaré poussant la porte d'un refuge de haute montagne, assuré qu'il est de trouver là le secours d'un paquet de clopes pour sa journée. Geneviève arrive sur ses pas, l'amie fidèle, autant de Julie que des livres improbables dans l'achat desquels elle engloutit son salaire au rayon librairie des Délices et des Lettres. D'eux seuls elle attend les nouvelles qui lui importent : l'histoire de son pays, la reproduction d'un incunable sans prix, le récit de quelque épopée ancienne dont le présent lui semble si cruellement privé. En sus du prix de sa commande, elle ne manque jamais de déposer sur le comptoir une brioche sucrée tout juste sortie du four du boulanger, en signe d'une sympathie régulièrement et si délicatement renouvelée...

Les chercheurs d'or habituels déboulent tôt eux aussi. Ils tiennent leurs grilles de loto à la main, comme un passeport pour la vie de rêve qu'ils imaginent en cochant les cinq cases de la chance qui traîne en chemin. Alors, en l'attendant et comme pour lui forcer la main, ils achètent aussi un ticket de Black Jack, un Astro et un Solitaire :

– Tant qu'on y est, dit l'un, mets-moi donc aussi un Jackpot. Si je gagne, je t'emmène en week-end où tu veux, Julie !

– Je m'en rappellerai. Mais tu sais, là où je veux, c'est loin. Ça va te coûter cher !

Et le voilà qui repart avec, en plus de ses rêves de gains faramineux, ce beau rire, sonore et cristallin, qu'il sait ne pouvoir entendre qu'ici. Alors, numéros de la chance ou pas, quand il résonne pour lui, c'est un peu comme s'il gagnait à chaque fois...

Un peu plus tard, profitant de la pause de midi, Julie s'accorde une escapade alentour. Son vieux chien sur les talons, elle marche sur des prairies qui depuis des mois cette année implorent la pluie.

Elle lui jette une branche tombée d'un charme ou d'un tilleul, sur ce chemin de halage où elle oublie ses soucis, les contrariétés du commerce et les blessures intimes qu'elle ne croyait pas, voici peu encore, voir se refermer de sitôt. Elle pense à son amoureux peut-être. Oui, peut-être qu'elle pense à moi ?...

De retour aux abords de la maison, je la vois entrer au bûcher d'où elle ramènera de quoi allumer un feu dans la grande cheminée du salon. À la regarder manier des bûches comme ça, casser le fagot et remuer les braises pour ranimer la flamme, je comprends qu'elle a, de longue date, dû apprendre à ne compter que sur elle-même. Qu'elle n'avait besoin de personne le jour où elle m'a invité à entrer dans sa vie. Cette pensée me trouble, je ne l'en aime que plus encore...

Elle prend aussi le temps de parler à ses chats. Elle s'adresse à eux comme à des enfants turbulents qu'il faut bien faire semblant de sermonner parfois, et les embrasse tout pareil pour qu'ils ne se mettent pas à pleurer. Elle est ainsi, Julie, d'une affection sans borne pour le genre ani-

mal, une affection conservée de son enfance paysanne, que son expérience des hommes – loin de l'en distraire – semble au contraire avoir redoublée ...

Enfin, elle se souvient de moi et me sourit, on dirait encore surprise de me trouver dans sa cuisine. Nous buvons une tasse de thé qui lui paraît amplement suffisante en guise de déjeuner. Celles qui la jalousent pour sa taille de princesse mourraient de faim à s'en tenir une journée à ce qu'elle mange dans la semaine. Peu m'importe à moi, je me nourris de sa beauté...

Avant tout cela, tu vivais sur une autre planète. Un monde dans lequel nous aurions eu bien peu de chances de nous rencontrer. Celui de la production, du commerce et des affaires.

De quelques hectares de terre que t'avaient légués tes parents, tu avais fait un champ de cassis. Drôle d'idée, non, d'où la tenais-tu?... D'Alice, ton arrière-grand-mère qui, d'un panier de fruits rouges, avait longtemps régalé sa descendance de ses jus et de ses liqueurs, fameux bien au-delà du cercle de gourmands qu'amis et voisins formaient autour de ses marmites. Petite Julie, tu avais plus souvent qu'à ton tour trempé le doigt dans les pots de confiture, croqué à belles dents dans les tartes du dimanche et asséché tes soifs de sauvageonne d'un verre de sirop de l'aïeule. Tes souvenirs d'enfance tenaient en grande part dans cette odeur de fruits et de sucre cuits, touillés jusqu'à l'état l'élixir, qui revenait sur ton palais à chaque fois qu'on évoquait devant toi la chère mamie partie à son heure...

Tout juste rentrée de la capitale – où dans une première vie de dessinatrice dans un cabinet d'architectes, tu avais apporté ta pierre à la construction de la Bibliothèque Nationale – t'étaient revenues des envies de campagne… Planter des cassis et t'essayer à ton tour à la magie de la gastronomie t'était apparu comme un moyen plausible de gagner ta vie, en même temps qu'une façon de faire reconnaître la qualité de ce savoir-faire familial. Et c'est ainsi, arpentant les champs sur lesquels jusqu'alors, ton père récoltait sa paille, que tu avais bâti ta petite entreprise. Ayant tout à apprendre dans ce domaine, tu avais commencé par chercher un nom qui annoncerait fièrement ce que les clients trouveraient dans leurs cartons. *Le Jardin d'Alice* s'était imposé comme un hommage à celle qui t'avait laissé bien autre chose que de simples recettes de cuisine.

Les saisons suivantes, tu avais regardé grandir tes fruitiers et trompé l'attente des premières récoltes, en t'essayant au-dessus de la vieille cuisinière familiale aux secrets de cuisson laissés par l'ancêtre. En passant des jours et des nuits à concevoir pots et bouteilles, étiquettes et emballages des productions prochaines. La fièvre créatrice qui a été la tienne en ces semaines ! Celle des entrepreneurs qui, partis de rien – exactement comme le chanteur encore inconnu, le comédien dont le public ne sait même pas le nom lorsqu'ils s'avancent sur leur première scène – envisagent rien moins que de conquérir le monde.

Associée à ton jeune frère qui s'était laissé convaincre d'embarquer pour l'aventure sous le regard plein de fierté de vos parents, tu avais su très vite que le pari était gagné. À l'écart des circuits de la production industrielle et de la grande distribution, le bouche-à-oreille des gourmets propageant le conseil, on s'est mis à venir de loin pour se régaler à son tour des cassis d'Alice. Tout cela était bel et bien. L'entreprise viable, le frère et la sœur heureux d'avoir bâti ensemble. Mais tu voulais conquérir le monde…

Pour cela, il fallait aller à sa rencontre. Paris, Lyon, Marseille et ailleurs, et ailleurs… À chaque fois que l'occasion s'en présentait, tu partais pour quelque salon professionnel où, à dates régulières, se confrontent les meilleurs qui t'avaient tôt reconnu ta place parmi eux. Et c'est là que tu l'avais rencontré… L'Artiste des fourneaux, le roi de la conserverie artisanale, le «Fondateur», ainsi qu'il aimait se faire appeler… Il t'avait subjuguée. Par son talent à marier les ceps et le romarin, le basilic et la pleurote, sa connaissance des réseaux, la haute idée qu'il avait de lui-même et quelques promesses de réalisations communes finalement restées sans lendemain. Bon sang, il arrive que l'amour – ou l'escroc qui se présente sous ses oripeaux – dépose de sacrées peaux de saucissons sur les yeux des jeunes femmes éblouies. *Adieu mon mari, au revoir les enfants, maman ne s'en va pas longtemps, je serai de retour bientôt…* C'est pour ce type que tu t'es mise à traverser le pays d'Est en (sud-) Ouest, laissant tes forces et abandonnant ta belle disponibilité pour la vie entre les bras de celui par lequel tu allais tout perdre…

Julie, il traîne sur Internet une photo de toi aux côtés de cet homme. Je l'ai cherchée pour connaître le visage de mon ennemi et vais la voir quand je veux me faire du mal. L'article qui l'encadre te présente comme sa compagne. Soit, tu l'as été. Mais quel compagnon a-t-il été, lui qui t'a séparée des tiens, a mis fin à huit années de bonheurs professionnels, qui s'est satisfait de ta brouille avec ton frère et a regardé voler en éclats tes succès, pour finalement t'abandonner dans ce fonds de campagne où je t'ai rencontrée ?

Pour faire de ce mal un bien, il va nous falloir beaucoup d'imagination, un talent supérieur, opiniâtre et résilient, pour te guérir de cette blessure et effacer les dettes du passé…

Parler plutôt du plus tendre, du plus beau et du plus précieux. De cette part qui n'appartient qu'à nous, cette faim qui nous prend à chaque instant de la journée – le désir d'avancer les aiguilles de nos montres pour que vienne plus vite l'heure où la nuit posera son rideau à nos fenêtres – l'instant bénit, madame, où nous pourrons enfin la rassasier. Des gens me parlent ou t'accaparent de mille questions, suis-je devenu sourd ou bien idiot ? La rumeur du monde je ne l'entends plus... T'attendre tout le jour est une souffrance qui me fait plier genoux et bras, un mal si doux dont je veux longtemps me souvenir et surtout, ne jamais guérir.

... Mais comment dire l'effroi qui me saisit plus tard, lorsque tu jettes enfin tes vêtements au pied du lit en même temps que ton masque et tes pudeurs apprises, pour m'offrir ton corps comme le champ ouvert à toutes mes impatiences ? L'émerveillement qui me pétrifie et ma joie qui perd ses mots quand mes mains enfin touchent ta peau...

C'est le miracle des grands recommencements, l'éblouissement de l'aveugle retrouvant la vue, quand tes doigts se posent sur moi et que les marées que tu portes se lèvent, là-bas, au profond où tu m'appelles, où tu m'attends... Le naufrage heureux que tu me promets tandis que mes lèvres retrouvent tes chemins, se perdent dans tes cheveux, sur tes épaules adorées, et que des tiennes déjà montent des mots insensés en une langue que nous sommes seuls à comprendre.

Près de cinquante printemps qui ont fleuri sur ton corps ne lui ont rien pris de ta jeunesse. Au soleil tout à l'heure près de la rivière, comme dans le halo de la lampe de chevet à laquelle l'ombre dispute sa part de mystère, tu gardes la grâce et l'éclat, la douceur de l'albâtre dont naissent des déesses de beauté. Ce ne peut être que pour toi qu'un poète un jour a écrit *Le Cantique des cantiques*, pour toi qu'un empereur fou a fait brûler Rome et pour toi aussi qu'Abélard, dans une autre vie, est allé au supplice... Quel Dieu de bonté a accueilli mes rêves d'adolescent comme des prières par toi chaque soir exaucées ?

Tu prétends qu'il arrive que Sa miséricorde soit parfois justement distribuée :

« ... Mais c'est vrai que tu es un sacré veinard ! »

Les mots heureusement ne servent à rien. Moi que l'amour rendait si bavard, me voilà devenu muet. Il m'en vient de si doux que je retiens par crainte que tu ne les aies entendus cent fois déjà, qu'ils t'arrivent usés et affaiblis, si souvent répétés que tu ne puisses y croire encore – comme l'écho de désirs fanés, d'autres promesses non tenues, d'autres voix qu'il te faut oublier.

Par exemple, j'aimerais te dire : « Je te trouve vraiment très Julie ». Mais combien de fois te l'a-t-on faite celle-là ?

Ton corps. D'abord et longtemps, je ne l'ai connu que par ton regard. Par tes yeux qui s'étaient posés sur moi comme ceux d'une reine sur un mendiant à la sortie de la cathédrale. Longtemps, il m'a fait l'effet d'une brûlure qui avait continué de me consumer, bien après que nous nous soyons croisés sans oser rien de plus. Au cours de mes années d'exil qui avaient suivi, c'est de lui dont je me souvenais et par lui que j'aurais voulu renaître.

De ce jour, les autres femmes sur moi ont perdu leur pouvoir d'enchantement. Elles ont perdu leurs rires et leur beauté. La danse de leurs corps a cessé de m'éblouir le jour où je t'ai rencontrée. Et c'est encore tes grands yeux noirs qui me brûlent pareillement, quand ils regardent dans la nuit ce lieu de mystère et d'abandon où pour moi, tu as de nouveau dix-sept ans…

De quel désir t'ont aimée ces autres hommes avant moi ? Croyaient-ils aux mots qu'ils prononçaient pour te séduire, auxquels tu croyais toi, te brûlant les ailes et te déchirant le cœur quand ils restaient de marbre tandis que tu espérais, même pas une assurance, au moins un rêve pour l'avenir ? Tu les as aimés pourtant, follement aimés et jamais à ce jour complètement oubliés. Après le roi des fourneaux pour qui tu avais quitté ta famille et bravé tous les interdits, tu as couru à d'autres rendez-vous auxquels t'attendaient les princes charmants de tes rêves de petite fille. Et de tes désirs de femme. De ces passions heureuses, il te reste une fièvre dont le chagrin des ruptures ne t'a pas guérie. Fallait-il qu'ils soient si fiers, se trouvaient-ils si beaux, étaient-ils à ce point persuadés de leur valeur d'amants intrépides pour investir l'espace de tes jambes et de ton ventre comme un terrain conquis et jouir en vainqueurs de ton plaisir comme d'un butin flatteur? Je les déteste, ces fantômes amoureux et malfaisants qui me mettent au défi de te faire gémir et trembler aussi fort que tu tremblais sous leurs appétits. Ils voudraient m'éloigner de toi et me jettent des pierres, ricanant de ce poète qui n'a, pour se mesurer à eux, qu'un bouquet de fleurs des champs à la main, et dans le cœur, cet or de sentiments qui ne se monnaye pas.

Moi, je t'approche à chaque fois tremblant de peur et de l'ivresse de ces marins apercevant dans la brume, au loin, les rivages de ce monde nouveau qu'ils avaient cru ne jamais atteindre. Il m'aura fallu longtemps pour me défaire de cette sidération, de cette fatigue de long cours qui me jetait sur tes plages où je m'endormais heureux, n'en pouvant mais et remettant à plus tard l'exploration de l'île merveilleuse. De mon amour sans borne, me venaient le plus souvent des envies de reddition. Cette nuit encore, je ne veux ni te conquérir ni te soumettre …

Ton corps a des douceurs de laine et de soie. Des mouvements d'algue dans la vague. La chaleur de ces soleils que délivre ta poitrine heureuse quand tu te presses contre moi, dans un élan de louve traquée cherchant son salut sous la caresse du chasseur désarmé. C'est ainsi que je te regarde, c'est ainsi que je te vois quand, les yeux mi-clos, tu me laisses m'enfuir par tous tes chemins – plaines et vallons, tes cheveux, tes lèvres, tes seins, jusqu'à tes pieds cent fois baisés – vers cette source où je m'en vais boire ton eau d'éternité. Avant que la tempête espérée nous emporte enfin...

Au plus profond de toi, brûle un feu dans lequel je me jette comme un étonné d'être là abandonnant sans hésiter sa dépouille à la porte du paradis. Comme aussi, ce rêveur distrait tombé de la falaise, qu'une soudaine apesanteur retient pendant sa chute, avant de le déposer sur les ailes d'un vol de cormorans qui l'emmène vers des pays lointains, où tout n'est que plaisir nouveau et bonheur accompli.

Ton cri est un chant. Il célèbre le vœu de vivre et d'aimer encore. L'émerveillement de n'être plus qu'un corps. La danse toujours renouvelée des origines ...

Ces gestes retrouvés, il a fallu que tu me les réapprennes. J'avais perdu l'art et les manières, oublié le mouvement subtil de la chorégraphie des désirs. Encore un peu et j'allais sombrer dans l'oubli de cette mathématique bleue qui fait de deux amants qui se cherchent la racine carrée du bonheur, et de nos plaisirs qui s'attendent une extase singulière...

Mais l'extase, pour des amants inquiets, n'est pas le premier prix à chaque fois empoché... Nos désirs, cette saison, n'ont plus l'insouciance de nos jeunes années et nous découvrons, pareillement désolés – moi au bout de toutes ces années de deuil, toi fourbue de trop d'inquiétudes – que l'énergie qu'il faut pour ces fêtes-là nous fait certains soirs défaut. Au voleur! Le temps, comme un pickpocket habile nous a délestés de cette assurance joyeuse abandonnée dans d'autres lits. Si j'ai perdu en chemin les forces qui me tenaient éveillé trois jours et trois nuits, ces forces dont j'aurais tant besoin pour vaincre tes chagrins, toi, qu'as-tu égaré en chemin, que tu ne puisses m'offrir cette nuit? Je me retourne et cherche dans la lumière glauque du réverbère de mes envies, espérant en retrouver au moins une partie tombée de la poche de ce bandit. Mais c'est ainsi, il arrive que les intermittences des corps, comme les rives au torrent, imposent leur cours aux désirs les plus violents.

Tu me dis que ce n'est pas grave. Qu'il est délicieux d'être enveloppée de tant de douceur et de reconnaître d'autres forces dans l'aveu même de l'échec, la sincérité amoureuse qui te suffit. C'est toi qui cette fois me rassures et me consoles. Et dans l'étreinte que n'a pas dénouée ce soir l'orage des sens, nous rions de ce contretemps qui nous fait remettre à demain notre arrivée aux portes du septième ciel…

Ce que tu appelles notre chance, ce que d'autres nomment le hasard, moi je le reconnais comme une bénédiction de ce dieu généreux à qui, depuis l'enfance, j'ai appris à dire *« Que ta volonté soit faite »*.

Ce que la vie m'avait donné puis repris, ce qu'elle avait fait de moi, au final, me convenait... S'il m'était arrivé de porter le fardeau d'être moi, j'avais le plus souvent avancé dans l'existence d'un pas léger, m'approchant du jour de notre rencontre comme d'une piste de danse, avec, pour seul projet, la certitude obstinée de t'y reconnaître ... D'où me venait cette confiance en la bonté de la vie? Tu n'avais pas de visage et tu n'avais pas de nom, mais je savais déjà que tu marchais à ma rencontre. Que tout ce temps passé loin l'un de l'autre était celui d'un apprentissage nécessaire: il me fallait bien toutes ces années pour apprendre à aimer et à me pardonner le mal que j'avais fait à d'autres avant toi. Grâce soit rendue au ciel de ne pas t'avoir jetée trop tôt dans les bras de ce jeune homme inconséquent, que son ignorance rendait imbu de lui-même et cruel. À me souvenir de ce qu'il était, de ses mensonges et de son orgueil, je m'étonne qu'il ait fini par devenir celui que tu aimes aujourd'hui… Il a fallu pour cela que la vie le tanne comme un vieux cuir, que la honte le broie comme une vendange amère, avant que bien des chagrins le lavent de ses péchés de jeunesse. Et le voilà ce que je suis…

Pendant toutes ces années, je m'étonnais de cette expression qui tombait de la bouche de certains bons amis pour me conseiller de «refaire ma vie». Refaire ma vie? Je n'en avais qu'une que je sache et ne voyais pas comment j'aurais pu effacer une seule virgule au récit de mon passé. Il faut bien faire avec ce que l'on a été, se regarder en face dans le miroir pour naître un jour à la conscience nouvelle d'être soi: la chrysalide au cœur imparfait qui va ce matin-là déployer ses ailes et prendre son envol, ivre de sa liberté souveraine d'être enfin celui qu'elle devait être…

Tu m'es venue. La simplicité des choses rendrait toute emphase ridicule. Tout effet de style inutile pour rendre compte de notre histoire, pareille à celles de tant d'autres amoureux qui se réjouissent comme nous. Comme nous croisant les doigts pour que les jours succèdent aux jours, dans la merveilleuse banalité d'un bonheur tout à la fois si fragile et invincible.

Mais cette étoile nouvelle qui brille là-haut, aux confins de la galaxie des amours neuves porte ton prénom. D'autres peuvent bien s'abîmer les yeux à la contempler, elle n'appartient qu'à moi et ne brille plus que pour enchanter mes rêves et chacune de mes pensées…

Julie, c'est un amour infernal dont rien ne peut me distraire. Il paraît qu'il pleut, on me regarde passer tête nue sous l'averse, sifflotant un air du bonheur. Quel jour sommes-nous, quelle heure est-il ? De ces choses, je me souviens à peine, ma poitrine retenant comme elle le peut les rires et les chansons d'une fête dont tu es la reine…

Il faudrait pour me faire oublier que tu existes me trancher le cou et jeter ma mémoire au feu.

Tu m'es venue. Bonjour, bonne nuit mon amour. C'est un rituel joyeux, à la régularité pareille à celui des moines et des nonnes qui se couchent tard et se lèvent tôt, refusant de céder à la paresse du sommeil pour mieux se consumer dans la célébration des jours. Au creux de notre lit que nulle dispute n'a jamais refroidi, comme au téléphone quand une obligation quelconque nous éloigne quelques fois, j'ai besoin de l'entendre, la voix de mon ange répétant ces mots d'une promesse toujours tenue : bonjour, bonne nuit mon amour. Comment pourraient-ils être mauvais ? Les jours d'ennui, le chagrin, l'angoisse et la colère, les nuits de solitude se sont dissous dans la chaleur de nos étreintes. Il est loin, le temps où je faisais semblant d'être heureux, quand j'y repense, c'était comme un blasphème, une maladie honteuse dont tu m'as guéri en m'embrassant.

C'est une histoire drôle. De celles qui font leur effet dans les repas avec les copains. Quand je me la raconte, j'en pleurerais de rire si je n'avais autrement et à jamais perdu toute raison de pleurer. L'histoire d'un homme et d'une femme donc.

«… Et alors ?» demandent les amis pressés de l'entendre.

Belle d'une beauté qui n'appartient qu'à elle – entendez par là, inégalée dans l'intelligence et le charme, je vous passe les détails… – la femme est depuis si longtemps courtisée par des hommes prêts à tout pour la retenir, qu'elle a fini par trouver banal qu'on jette à ses pieds, qui sa jeunesse, qui son argent, qui son bonheur conjugal. Les uns après les autres, ils se sont présentés à elle, certains dans leurs costumes de puissants du moment, ouvrant pour elle la portière d'une voiture allemande pour l'emmener vers ces lieux de plaisir dont l'argent – beaucoup d'argent – conditionne l'entrée. Mais parce qu'elle a gardé en elle son cœur d'enfant, elle s'aperçoit qu'alors qu'elle croyait régner sur leurs désirs, chacun à son tour pillait sans retenue les trésors de délicatesse qu'elle offrait à chaque fois qu'elle ouvrait pour eux son corsage. Meurtrie et lassée de donner de la confiture aux cochons, elle était rentrée chez elle, bien décidée cette fois à déverser des seaux d'huile bouillante sur le prochain qui s'aventurerait à jouer de la mandoline au pied de son donjon…

L'homme, lui, a tant aimé et tant dilapidé sa jeunesse, son argent et ses mots d'amour, que la vie a fait de lui une sorte de Pierrot lunaire riche de ses seuls souvenirs. Rassasié de plaisirs sans lendemain et écrasé par quelque chagrin dont il n'espère plus guérir, il a renoncé de longue date au jeu de la séduction, à l'appel de la lionne et au lit des femmes. On lui dit qu'il peut plaire encore. Mais plaire, à qui et pourquoi ? Il se sait trop pauvre et revenu de tout pour se laisser aller encore à promettre quoi que ce soit. Ce serait mentir. Assis sur son vieux banc de pierre, au soleil pâle d'un automne qui roussit ses saisons intérieures, ce qu'il veut juste maintenant, c'est apprendre à vieillir et, le jour venu, savoir mourir. En paix avec lui-même et avec ses semblables.

Inutile de préciser qu'il n'a jamais porté de costume de tailleur, ni conduit de voiture allemande.

Le hasard, soit qu'il n'existe pas, soit qu'il fasse bien les choses, un jour les met en présence l'un de l'autre. Et la voilà les jours suivants, à se demander ce qui le retient dans ses pensées, ce type qui n'a vraiment rien de ce qui la séduisait jusqu'alors chez les autres. Et le voilà à se dire que mourir n'est plus chose si pressante finalement. Les voilà dans les bras l'un de l'autre, le couple le plus improbable, le plus dépareillé qu'on pût imaginer, le ticket gagnant à cinquante contre un !

Le plus évident et le plus heureux aussi…

« Elle est vraiment très bonne, c'est vrai. Mais que deviennent-ils, ces deux-là ?... Que vont-ils faire de ce cadeau de la vie ? »

Peu importe l'avenir, Julie. Cette erreur que je faisais, jeune homme, de remettre à plus tard la réalisation de mes rêves, je ne la ferai plus. J'avais toute une vie devant moi, que je n'ai plus. Il arrive bien tard ce présent du ciel, cette conscience des choses me fait renoncer à toute patience. Seul compte le présent. L'instant où je te vois, où je t'entends, où je te sens lorsque tu respires. Le temps peut bien s'arrêter, de quel futur meilleur, de quels triomphes à venir devrais-je rêver encore, puisque tu existes enfin et que tu vis à mes côtés ? Peu importe le temps qu'il fait, le mois, le jour et l'heure – midi, minuit, novembre ou juillet – lorsque tu penches ton front sur mon épaule, lorsque nos lèvres se rejoignent, c'est toujours, c'est encore, c'est enfin le temps d'aimer et d'être heureux.

Peu importe nos inquiétudes, les soucis d'argent, les contraintes de la vie. Au diable les mandataires, les médiocres et les langues fourchues, tu n'es plus seule, Julie, il faudra bien que le monde le sache et s'y habitue. Les solutions que tu espères nous les trouverons ensemble, ce qui t'a meurtrie ne t'atteindra plus. Je me tiens à tes côtés comme un garde du cœur prêt à donner sa vie pour que rien, ni nul jamais plus ne puisse te blesser. Nos mémoires peuvent bien porter dans leurs *clouds* les épisodes de nos défaites, un seul de tes baisers suffit à dissoudre le passé. Pour cette magie dont tu enchantes les jours, la vie qui a fait de toi une guerrière te rendra le temps de vivre, apaisée, paresseuse et sereine…

L'amour qui n'a pas d'âge n'a pas plus de raison. Attendu ou méprisé, espéré ou trahi, loué ou oublié, il se donne à qui il veut, parfois même à qui ne l'attendait plus. C'est la beauté de la vie de nous surprendre et de nous séduire. Il faut très tôt exercer son regard à la reconnaître dans la fleur du liseron qui pousse dans la boue du chantier, dans le ciel étoilé d'une Saint-Jean, le triomphe du soleil au zénith du plein été. Dans les rires d'un enfant au parc qui défie le monde du haut de son toboggan. Dans l'amitié fidèle de son chien qui n'a jamais rien demandé d'autre que son os et une caresse pour ne pas crever. Dans la voix d'un ami qui nous parle avec la même confiance de son bonheur ou de ses raisons de se foutre à l'eau. Dans la clarté d'un matin de Pâques, comme au fond de cette prison où un vieux tatoué choisit de protéger le jeunot laissé à la merci de la horde. Dans mille autres choses que l'on fait, que l'on voit et qui nous justifient dans notre présence au monde…

C'est la vie qui nous mène et l'amour qui nous trouve. L'une portant l'autre dans son mouvement de balancier, ils décident seuls de l'heure de notre bonheur : pour oser la leur demander, il faut abjurer toute volonté.

... Mais ce mal qui me tient, ce mal qui me mord, mon Dieu, dès que tu t'éloignes. Ton absence me déchire lorsqu'il me faut aller, pourquoi, quelle mauvaise raison, je ne sais où ailleurs. Moi dont on enviait la santé et le moral de fer, me voilà fragile, nu et malade dès que ton ombre – cette étoffe soyeuse qui me protège de l'hiver – me découvre. Qui me coupe un bras, qui m'arrache le cœur, qui t'a pris à moi ce jour ? Et comment se fait-il, ma liberté, mon orgueil, ma liberté conquise de haute lutte, que *« sans me méfier / je me suis laissé faire / et* [que] *je t'ai trahie pour / une prison d'amour / et sa belle geôlière »* ?

Moi qui n'avais jamais été que moi et m'en portais au mieux, ne suis plus rien hors de portée de ta voix et de ton regard. Voilà ce que veut dire abjurer toute volonté. S'en remettre à la confiance d'un oui échangé, sans penser à ce qu'il engage et à ce dont il nous privera désormais. Cette liberté qui n'avait pas de prix ne vaut plus rien tout à coup. Je l'abandonne ici, comme un jour l'ivrogne délaisse sa bouteille et ses passions tristes pour retrouver l'assurance de son pas. C'en est fini, bien fini, de l'illusion d'être heureux. Elle prend chair avec toi et en toi, la formule liturgique de ma foi nouvelle en un avenir qui n'existe que par toi…

Encore une fois dire ton prénom… Le prononcer comme un sésame, Julie, comme un mantra répété jusqu'à la plénitude. Jusqu'à en oublier les mots du quotidien, ceux des sciences savantes et de la religion, ces bagages trop lourds qui furent une aide souvent, une entrave d'autres fois. Ne garder que ces lettres précieuses dont l'ordre borne aujourd'hui mon espace et le temps qu'il me reste à vivre. Ce temps que je te donne et dont tu useras selon ton plaisir, puisque ton plaisir est le mien…

Nous partirons demain, Julie, nos cœurs vagabonds et tes vingt étés en errance. Loin des poumons de verre et d'asphalte des villes nouvelles, loin de la médiocrité assise et de la vieillesse qui vient, à l'écart de leurs destinations tarifées, de leurs guerres et de leurs fêtes immobiles, nous serons des amoureux de grand chemin. Je te regarderai et te trouverai belle, exactement comme le commande cette vieille scie poétique – rebattue, mais d'une fraîcheur pourtant inégalée – *« Aujourd'hui plus qu'hier et moins que demain »*. Comme je te regarde chaque matin, à l'heure où le héron bleu s'envole au loin, là-bas, avant de disparaître dans les brumes d'un rêve d'enfance que protège de l'oubli ta présence à mes côtés.

Ton amour est la réponse neuve à mes doutes anciens. Elle tombe de tes lèvres avec la douceur d'une averse d'avril. C'est le printemps de Tchaïkovski que j'entends lorsque tu me dis ces mots qui parlent de nous.

Nous. Comme une réalité humaine nouvelle qui s'offre au monde. Les passants alors sauront en nous regardant ce que veut dire être heureux, ils nous envieront, espérant bien que l'incendie dans lequel nous danserons devant eux atteignent les friches de leurs solitudes et de leur ennui.

Par toi, ils croiront au miracle possible. Et moi qui l'ai vu s'accomplir dans mon désert, je leur dirai qu'il n'est pas d'inaccessible étoile à qui refuse la fatalité du malheur. Il fallait que ce soit toi qui me l'apprennes, avec ce que je sais, avec ce que je devine des bonheurs et des errements qui t'ont conduite jusqu'à moi. Des qualités singulières qui gonflent ton cœur comme une voile, par lesquelles, mon adorée, je peux à nouveau croire en la permanence de ma joie, de la bonté et de la tendresse infinie…

2 – Brumes et Gelées sur le Quart Nord-Est.

«C'est l'amour qui se tait quand tu ne chantes plus»

Léo Ferré. *Ton style*

D'autres étaient passés par là avant lui. D'autres que lui s'étaient consumés en rêves douloureux et en une tristesse portant le nom d'une belle indifférente. D'autres que lui avaient rêvé, attendu, espéré en vain, puis, sans vraiment jeter l'éponge, cherché le moyen de se libérer du poids d'amertume qui leur écrasait le cœur. L'alcool, les virées avec des copains miséricordieux qui ne lui en voulaient pas trop de n'être plus même l'ombre du compagnon de bordée qu'ils avaient connu... Des bons copains, vraiment, qui tentaient bien de le consoler d'une bourrade ou deux, en lui répétant dans un rot de bière cet aphorisme qui lui déchirait les oreilles : une de perdue, dix de retrouvées... Mais non, *nada, niente*, rien de tout cela ne pouvait l'aider à remonter du puits. Il se cognait aux murs d'une solitude risible que son entourage ne pouvait prendre au sérieux, moquant son chagrin qui paraissait de quatre sous pour une princesse distraite qui avait joué avec lui de sa beauté comme un chat d'une souris.

Oui, d'autres avaient bien connu cela. Robert Desnos, par exemple, qui avait écrit : *« J'ai tant rêvé de toi que tu perds ta réalité. Est-il encore temps d'atteindre ce corps vivant et de baiser sur cette bouche la naissance de la voix qui m'est chère ? J'ai tant rêvé de toi que mes bras habitués, en étreignant ton ombre, à se croiser sur ma poitrine ne se plieraient pas au contour de ton corps, peut-être »...*

Pourquoi Desnos ? Parce que dix ans après avoir jeté au vent ces perles d'amour et de dépit, il avait pris le train pour Auschwitz d'où il n'était jamais rentré, et que lui-même voulait mourir. Lui aussi avait tant rêvé, lui non plus n'étreindrait plus ce corps de braise dont il connaissait la chaleur, ne baiserait ces lèvres dont il avait senti le souffle sur sa bouche... Sur les bords du canal où elle lui avait tenu la main, il s'étonne ce matin de n'être plus qu'un grand chagrin.

Sur cette berge où ils s'étaient promenés en octobre – un de ces dimanches où l'été semblait ne s'être attardé que pour eux – Jan se demande ce qu'il aurait dû dire ou faire qu'il n'avait pas dit, pas fait. Quel homme il aurait dû être qu'il n'était pas, de quel mensonge aurait-il dû se montrer capable pour la retenir. Mais mentir, cela faisait si longtemps... Il ne savait plus. *O balances sentimentales. J'ai tant rêvé de toi qu'il n'est plus temps sans doute que je m'éveille.* Dormir et ne pas se réveiller, voilà tout ce qu'il voudrait pour l'heure...

Un grand vent de Sibérie a balayé toute autre idée, fracassé ses souvenirs, emporté ses certitudes heureuses. Tout cela depuis quinze jours se mêle et se recompose, tournoie et se dissout, comme un maelstrom de feuilles mortes et de papiers gras sur un trottoir boueux, qu'un employé municipal balancera demain à la benne. Qu'on n'en parle plus puisqu'il n'y a plus rien à dire. Qu'il ne trouve plus ses mots et ne finit plus ses phrases depuis qu'elle l'a lâché, comme la branche lâche ses feuilles à l'entrée de l'hiver.

Il lui en avait tant dit pourtant de ces mots tendres, des mots de promesses confiantes et d'assurances sincères. Enchantée, elle les avait accueillis comme la réalisation de son rêve d'adolescente de vivre un jour avec un écrivain. Il n'inventait rien, elle aussi lui avait dit je t'aime. Bien d'autres choses encore, entre deux baisers, de ces choses que l'on se dit sur l'oreiller, dans la confidence d'une étreinte où, par-delà les mots, l'amour trouve sa vérité. Que veut dire je t'aime? Il se sent ridicule de comprendre aujourd'hui seulement, maintenant que cela ne sert plus à rien, que le sens en est moins dans la parole prononcée que dans l'oreille à laquelle on la murmure. Mais aussi… comment aurait-il pu se douter qu'au moment où il la serrait contre son cœur, c'est dans les bras d'un autre qu'elle se blottissait encore? Elle-même ne le savait pas.

Rien de sa tristesse ne paraissait lorsqu'ils s'étaient rencontrés. C'est au contraire pour son rire clair et pour la joie de vivre qui brillait dans son regard qu'il s'était jeté à ses genoux. Pour la simplicité joyeuse avec laquelle ils étaient tombés dans les bras l'un de l'autre. C'est au contraire pour cette énergie féline avec laquelle il la regardait venir à lui qu'il avait eu envie de mettre son pas dans les siens. Pour l'assurance qu'elle lui avait donnée d'être celle par laquelle il allait renouer le fil brisé de son récit amoureux. Elle était sincère, de cela Jan ne veut pas douter. La peine qui lui déchire le cœur, d'où transpire ce matin le dégoût de lui-même, ne va pas jusque-là. Elle était sincère et son échec n'en est que plus pitoyable…

Dommage, soupire-t-il, que si souvent la sincérité ne soit rien d'autre qu'un mensonge que l'on se raconte à soi-même pour mieux en persuader les autres. Oui, dommage pour tous ces gens qui sont montés à l'échafaud, qui ont regardé s'aligner devant eux le peloton d'exécution, ou s'avancer les lions dans l'arène en croyant sincèrement que leur mort allait servir à quelque chose ou à quelqu'un. Qu'un monde meilleur allait naître de leur sacrifice. Dommage aussi pour ceux qui ont fait le mal en croyant faire le bien. Les tyrans de tous les temps, les énervés de la vérité, les colonisateurs de la grande époque – le sabre dans une main, un goupillon dans l'autre – croyant sincèrement rallier à leur cause des peuples ignorants assoiffés de civilisation… Et les femmes brisées donc, qui se raccrochent à vous en vous reprochant de n'être pas un autre, celui qui les a poussées pieds et mains liés dans les eaux glacées où vous vous jetez pour les sauver de la noyade.

Une sorte de rictus fatigué s'échappe de sa poitrine. Jan s'entend marmonner ces digressions sans queue ni tête, impuissantes à exprimer ce qu'il ressent, ce qu'il endure. Inutiles. Voilà, ce qu'il aurait à lui dire encore est inutile. On ne retient pas l'amour par des considérations savantes, pas plus que par la prière ou l'imploration. Il se fait suffisamment pitié à lui-même pour ne pas aller en mendier auprès de celle qui vient de le quitter.

Ils s'étaient levés ce matin-là sans savoir que la partie était finie. Lui d'attaque, impatient d'ouvrir les volets et de saluer le soleil qui, cette fois encore, avait tenu parole. Il était là et promettait ce dont on a besoin de lumière et de chaleur pour se réjouir de vivre sur ce coin de planète. Elle, comme à son habitude, sortant des brumes du sommeil à petits pas, les paupières encore à demi fermées sur un rêve qu'elle avait du mal à quitter. Celui de ne plus devoir aller à son travail, de retrouver ses toiles et ses pinceaux et d'oublier le monde, à l'abri des murs de sa maison où ne viendraient pas l'encombrer les mille et un soucis, tracas et obligations de la vie. La tentation était forte de refermer les yeux et de retourner se cacher sous la couette. Sur ce point, la façon de se lever et d'envisager la journée, ils étaient différents, ils s'en étaient amusés dès le premier matin. Sur ce point et sur tant d'autres encore qu'il aurait dû prendre au sérieux alors…

Quand elle le rejoignait à la cuisine, le café fumait dans son bol, ses tartines l'attendaient, grillées, beurrées et Jan déjà l'assurait du bonheur qui était le sien d'être là à la regarder bailler à se décrocher la mâchoire. Il lui redisait, pour le cas où elle ne l'avait pas entendu en s'endormant, qu'elle était la plus belle du monde. Ça l'agaçait au plus haut point : combien de fois lui avait-elle demandé de la laisser se débrouiller avec le pain et la confiture et de se taire, surtout ? Elle avait besoin d'un peu de temps pour émerger. Qu'elle fût la plus jolie femme de la terre, elle le savait, bien d'autres lui avaient dit avant lui. Et il étalait trop de marmelade à son goût sur des tranches de baguette qu'il coupait trop épaisses. C'était sa façon de la gâter, elle en souriait habituellement, mais ce matin-là, non.

Le verdict était tombé un peu plus tard, net et tranchant, alors qu'ils se rendaient ensemble au boulot, dans la voiture qu'elle conduisait comme à son habitude : le pied au plancher sur les routes étroites d'un décor qu'elle ne prenait plus le temps d'admirer, tandis que lui s'émerveillait d'y reconnaître des copies de Renoir ou de Manet (cela aussi faisait partie des choses qu'il se reprochait : lui avoir laissé le volant et le plus souvent décider du rythme et de la direction que prendrait leur histoire) :

– Non, c'est pas possible. Ça ne va pas le faire. Je n'imagine plus commencer toutes mes journées avec un mec.

Un mec ? La douche froide qu'il avait prise tout à l'heure pour se mettre en jambes ne l'avait pas saisi avec une telle brutalité. Le roi tombé de son trône, Louis XVI montant à l'échafaud avait-il ressenti pareille humiliation ? Lui qui s'était réjoui toutes ces semaines de régner sur un empire sur lequel le soleil ne se couchait jamais, retombait – de haut, de très haut – parmi la multitude des mâles, des hommes, des mecs donc, dont elle avait eu l'occasion de lui dire les raisons de son mépris.

Un pauvre mec, oui, voilà ce qu'il était devenu sous l'effet de sa gifle.

Il essaye de ne pas se souvenir. Quand il se souvient, c'est plus douloureux encore. Leur rencontre au comptoir de cette boutique où il était entré acheter une part de printemps. Leurs premières discussions, la pluie, le beau temps, ces mêmes romans qu'ils avaient lus – celui-là aimé autant l'un que l'autre, cet autre, non je ne suis pas d'accord… – premières confidences : qui es-tu belle étrangère, d'où viens-tu gentil inconnu ? Lui arrivait d'une longue solitude et n'attendait plus rien, elle, se tenait sous l'orage d'amours discordantes, espérant l'éclaircie prochaine, que le nom de l'élu s'impose à la fin de ses tempêtes… Bâtir sur de telles fondations était on ne peut plus déraisonnable.

Ils s'étaient revus pourtant. Au fil des jours, ces rendez-vous qui ne se promettaient rien étaient devenus une habitude joyeuse. Puis une nécessité. Un jour, enfin, une évidence… Ils s'étaient embrassés et trop vite peut-être, il lui avait dit je t'aime. Jan n'avait jamais embrassé que par amour. Quand il y repense, il se traite d'imbécile. D'autres que lui, moins beaux garçons et moins soucieux du respect et de la délicatesse que l'on doit à la beauté, s'étaient servis, avaient pris, touché, baisé et ne s'en portaient pas plus mal. Au contraire, à ne vouloir que ça, avaient-ils plus souvent que lui obtenu ce qu'ils voulaient. Ce matin, il admet sa défaite et leur reconnaît toute raison dans cette façon d'imposer leurs désirs et leurs appétits. Tandis que lui avait pris sur lui le poids de ses peines et s'était remis pour elle à écrire des poèmes…

« Jan, tu es le dernier des cons… ». Il allait devoir faire avec ça.

Leur rupture le ramenait en arrière, à quelques étapes peu glorieuses de sa vie amoureuse. S'il avait été ce jeune homme trop gâté et inconstant, jamais pour autant il ne s'était pris pour Casanova. Oui, il avait à chaque fois aimé d'amour, trop tôt sans doute, à une époque de sa vie où il ne savait pas encore ce qu'aimer veut dire. Avec l'une il avait fait des enfants, celle qui l'avait éloigné de son lit conjugal ne voulait que des orgasmes. Une troisième la sécurité financière. L'autre encore, la lune, qu'elle lui avait vite reproché de ne pas être capable de décrocher pour elle... À chaque fois, pour avoir tant promis, il avait tant déçu. Mais s'il avait promis, c'est qu'il ne concevait pas d'approcher une femme autrement qu'à genoux, c'est qu'il vénérait en elles la meilleure part de l'humanité. Le premier psychanalyste venu aurait eu beau jeu d'expliquer ce tropisme par l'absence de sœur dans son enfance, son entrée précoce dans un internat de garçons qui l'avait tenu éloigné de la planète femme jusqu'à la sortie de son adolescence. Il s'était construit sur cette ignorance et sur l'illusion d'une bonté des femmes supérieure, de leur honnêteté de cœur et de leur capacité singulière à parler d'amour en rimes et en alexandrins. Il se fichait le doigt dans l'œil, mais la seule conclusion qu'il avait tiré de ses déconvenues était qu'il était certainement un piètre poète et – ... *perseverare diabolicum* – qu'il devrait améliorer ses vers la prochaine fois. En attendant, il s'échinait à les protéger de la trivialité de l'existence. Se chargeait des courses et de la vaisselle, payait les factures et sortait les poubelles, ignorant qu'il fracassait ainsi le mythe de l'écrivain qui les avait d'abord séduites. Hormis sa première épouse qui considérait la pile de ses manuscrits comme une maîtresse qu'elle jalousait pour le temps que l'écriture lui volait, toutes les autres l'avaient admiré veillant tard sur un article qu'il devait rendre le lendemain, ou une page de ce roman qui raconterait leur histoire. Attendant qu'il les rejoigne dans la nuit, à l'heure qu'il voudrait pour les baiser comme l'auteur inspiré auquel elles aimaient se donner. Sa faute était de n'avoir pas fait le moindre effort pour entretenir le mythe.

D'avoir à chaque fois renoncé aux privilèges auxquels sa graphomanie lui donnait droit, quand tout était possible et qu'elles pouvaient croire en son avenir prometteur. Déjà cette incapacité à mentir. À refuser de laisser penser qu'il était autre chose que cet homme affamé de tendresse, cherchant le sein et la caresse, non comme un soudard jouissant de son butin, mais comme un enfant trop longtemps privé de cette douceur originelle. Oui, les psychanalystes auraient eu beaucoup à dire…

À défaut, c'était ses copains qui le prévenaient sans y mettre les formes: «Trop bon, trop con Jan… Tu es trop gentil». De fait, il péchait par délicatesse. Toutes avaient fini par se lasser de sa prévenance et du rôle de déesse dans lequel il les avait installées chacune à leur tour. Et toutes avaient fini par s'enfuir dans les bras du mécanicien du coin, du premier bouffeur de chattes venu, ou d'un tatoué qui, de façon plus énergique et plus directe, les avait aidées à redescendre des hauteurs magnifiées de l'amour qui leur foutaient le vertige à ses côtés.

Mais s'agissant d'elle, il n'a pas d'excuses. Elle l'avait prévenu. Elle avait tant donné, son temps, son corps, ses pensées et le reste avant de le connaître, qu'il ne lui restait plus grand-chose à offrir. Juste sa beauté qui avait survécu à tant de déceptions, juste son besoin d'une amitié sincère. Juste sa fatigue… Mais ce qu'il aurait fallu de confiance pour se blottir encore une fois dans les bras d'un homme et s'abandonner sur la simple foi d'un mot d'amour, désolé, elle ne l'avait plus. Ces salopards l'avaient dépouillée de son innocence et de son désir. Il ne l'en avait aimée que plus violemment et plus sincèrement quand il avait compris ça…

Et peut-être que ça aurait pu marcher. Peut-être aurait-elle fini par croire à une reconstruction possible, à le regarder faire pour elle comme ce couvreur qui s'agite là-haut sur le toit après la tempête, confiante dans sa capacité à remettre les tuiles en place et à colmater les brèches. Mais d'autres nécessités s'étaient imposées à eux, une autre vague s'était creusée, emportant le rafiot de leur amour naissant vers des rochers qu'ils ne pouvaient éviter.

« Je ne veux pas t'emmener dans mon naufrage », avait-elle soupiré. Et elle l'avait poussé par-dessus bord, foutu à l'eau et tenu à distance à grands coups de rame sur la tête pour lui faire lâcher prise. Qu'il regagne la terre ferme tant qu'il en était encore temps. Oui, c'était ce qu'elle avait fait quand elle avait lui asséné je ne peux plus vivre avec un mec…

Le commerce qu'elle tenait dans le vieux bourg prenait l'eau de tous les côtés. Une clientèle en voie de paupérisation dans ce fond de campagne oublié de la prospérité, quelques vieux venaient bien encore acheter leur journal ou une boîte de chocolat, mais dans son cahier de comptabilité, la colonne des pertes avait tendance à s'allonger dangereusement. Les banquiers, le comptable, le propriétaire des murs, le mandataire et le percepteur, tous ces gens s'étaient mis à lui faire une cour assidue depuis quelque temps. Leur sollicitude prenait la forme de factures, d'assignations répétées et de commandements à payer toujours plus comminatoires. Elle faisait bonne figure, mais cette situation de toute évidence la minait. La laminait serait plus juste. C'est là, tout à son désir de lui être utile et de lui démontrer que son amour n'était pas que des mots et du vent, que Jan avait fait l'erreur de sa vie…

Il lui avait proposé, rien moins, que de mettre leurs misères en commun. Ils allaient vivre ensemble. Avec ses deux valises et ses cartons de bouquins, il amènerait son salaire, ils feraient compte commun. Ainsi n'aurait-elle plus à se préoccuper que de son magasin, lui se chargerait de remplir le frigo et de faire face aux charges du quotidien. C'était pratique. Une solution technique. Aussi froid et logique qu'un bilan comptable. Comment avait-il pu penser que c'était à son amour qu'elle disait oui, alors qu'elle ne faisait que saisir la bouée qu'il lui lançait au moment où elle perdait pied ? Mais enfin, elle lui avait ouvert son lit et confié les clefs de sa maison. Les trois premiers jours avaient été pour Jan les plus beaux de sa vie.

« Trois jours. Bien en dessous de la moyenne » grince-t-il aujourd'hui en pensant à cet incorrigible optimiste qui s'était fait une notoriété en fixant à trois ans la durée des amours postmodernes.

Bien sûr, même aveuglé par ses sentiments, il avait dès le premier soir remarqué l'air inquiet de son regard, alors qu'ils prenaient une douche ensemble, dans la grande baignoire d'angle qui se souvenait encore d'autres ébats. Un air qui lui avait fait penser aux yeux tristes des vierges au marché aux esclaves. Il avait mis ça sur le compte de la fébrilité qui saisit toutes les femmes au moment d'accueillir un nouvel homme dans le monde qu'elle porte dans leurs ventres. Lui-même ne faisait pas le malin, depuis quand n'avait-il pas approché de si près tant de douceur et tant de beauté ?

Mais il ne l'avait compris qu'après, ce n'était pas ça. Elle n'avait plus l'âge de ces timidités. Passé le moment joyeux des solutions trouvées dans l'étreinte à ses problèmes du moment, lui était vite revenu le souvenir de ces autres fois, des passions pour lesquelles elle avait tout laissé et tout perdu. De l'erreur trop de fois réitérée d'avoir cru un homme sur parole. Et dès ce premier soir, sous cette douche d'où elle aurait pourtant voulu que coulent encore le miel et le lait, elle avait réalisé que jamais plus, elle ne pourrait faire confiance à un homme. Son désir s'était éteint. Du coup, Jan s'était retrouvé seul à faire l'amour cette nuit-là... À faire les gestes de l'amour, plutôt. Il en gardait un souvenir pitoyable. Elle aussi sans doute, mais il lui avait fallu trois jours pour parvenir à mettre des mots sur cette défaite. Et deux semaines encore pour lui flanquer au visage son dégoût des mecs...

Là, tout de suite, il aimerait les avoir devant lui. Leur dire, à l'un après l'autre, ce qu'il pense de ça.

Flanquer son poing dans la gueule du premier et son genou dans les couilles du second. Il a suffisamment traîné dans ces endroits où l'on réglait ses comptes de cette façon pour accepter l'idée qu'entre hommes, il n'y en a parfois pas d'autres pour se faire comprendre. Dans les cas extrêmes. Il en avait vu, des types se foutre dessus. Inutile d'essayer de les séparer avant la fin de l'explication de gravure. Quand ce n'était pas des questions d'argent, c'était des histoires de femmes. Où d'honneur, ce qui revenait au même le plus souvent. L'argent, on ne meurt pas d'en perdre ou d'en manquer et les femmes, ma foi... Mais l'honneur qui va avec ce genre d'affaires valait de risquer un mauvais coup de couteau – et la prison qui allait avec, quand les choses tournaient au vinaigre. Plus mal que prévu au départ.

Il ne sait même pas à quoi ils ressemblent, mais il lui paraît évident qu'il les reconnaîtrait au premier coup d'œil. À leur air satisfait d'avoir emballé la reine du bal, d'avoir tiré la dame de cœur et empoché la mise, avant de quitter la partie quand le jeu les avait lassés. Indifférents aux dégâts provoqués dans la vie d'une femme abandonnée à son statut de maîtresse devenue trop encombrante.

Un poing dans la gueule pour leur faire regretter leur goujaterie ne lui semblait pas excessif…

Le genou dans les couilles, c'était plus personnel. Pour leur faire payer ce sentiment désagréable qu'il a d'être le cocu de l'histoire. Cocufié par ses prédécesseurs, il fallait le faire, mais c'est pourtant ce qui lui arrivait. Dès qu'elle lui avait parlé de ces types sous lesquels elle avait gémi sans retenue, elle n'avait plus voulu qu'il la touche. « Il me faut un peu de temps, tu comprends ? ». Jan était de ces hommes qui comprenaient tout…

Un vent contraire retourne soudain sa colère contre elle. La Sainte Nitouche qui pleure aujourd'hui de façon si convaincante sur les effets de ses inconséquences. La blanche colombe victime de la méchanceté des hommes… Ahaa ! Faut-il qu'il ait été à ce point idiot pour croire à ces conneries ? Aucun de ses amants, pour ce qu'il en savait, ne l'avait attachée sur un lit pour la violer méchamment, avant de l'abandonner au matin au coin d'un bois, nue et grelottante ? Dans ces histoires de lit, on s'aime et on se déchire à qui mieux mieux, et à la fin de la partie, bien présomptueux serait celui qui revendiquerait les blessures les plus profondes. Les plus saignantes. Il se pourrait même – il ne serait pas étonné d'apprendre ça un de ces jours – que ce soit elle qui les ait finalement jetés quand elle n'avait plus rien eu à attendre d'aucun d'eux. Quant à lui qui arrivait à la fin de l'orgie, peut-être ne l'avait-elle jamais envisagé que comme un dessert auquel elle avait renoncé à la première bouchée ?

Enfant de Bohème? Vu sous cet angle, l'amour avait plutôt de sacrés airs de fils de pute. Raison de plus pour ne pas céder sur les principes et refuser de participer au combat de gladiateurs qu'elles attendent généralement de nous.

Après tout, ceux qui l'avaient laissée sur le grill de l'absence et du manque avaient sans doute eu raison d'agir de la sorte. Jan ne parvient pas à chasser ces images de son esprit. Il imagine très bien de quel désir elle avait empli ses attentes de l'étalon du moment, qui passerait peut-être – peut-être pas – s'il consentait, ce soir-là où un autre à se rappeler d'elle, à venir grappiller un peu ses trésors. Oui, il imaginait très bien sur quel lit de braises elle s'était jetée pour se donner à lui lorsqu'il daignait enfin reparaître. De quelle façon elle avait soupiré d'aise et hurlé de plaisir, esclave soumise en même temps que maîtresse comblée. Puis quand ils se rhabillaient et qu'il regardait sa montre, elle savait qu'elle allait devoir consentir à d'autres jours de solitude, au sentiment de perte et d'abandon qui l'étouffait dans l'incertitude de leurs retrouvailles prochaines. C'était le prix qu'elle devait payer pour rester l'objet d'un peu d'attention, de son illusion de compter pour un homme qui divorcerait un jour pour elle. Il le lui avait promis, elle y croyait. Mais celui-là n'avait jamais divorcé, les autres non plus n'avaient pas cru nécessaire de changer pour elle quoi que ce soit dans la vie qu'ils menaient ailleurs. C'est depuis ce temps-là, pour garder la tête haute et ne pas avoir à s'avouer ses défaites, qu'elle prétend préférer dormir seule et se débrouiller sans l'aide de quiconque. Tant pis pour ce quiconque si l'amour qu'il a pour elle la fait bailler d'ennui. Tant pis pour toi, Jan, ta sincérité joyeuse n'est plus de mise. Réveille-toi, l'an 2000 est loin derrière nous déjà. La question du genre a produit ses effets, tu n'en trouveras plus une seule pour qui – à l'amour comme à la guerre – ce n'est pas chacun pour soi désormais…

À faire le tri dans ses humeurs, il se découvre vexé. Se retrouver en compétition avec des fantômes l'oblige à en rabattre. Lui aurait-elle demandé de s'éloigner pour toute autre raison, il aurait plus facilement pu l'accepter. Mais ça… À lui qui au cours des deux dernières décennies ne s'était jamais vraiment soucié du lit dans lequel il dormirait quand il partait en virée. Combien de femmes lui avaient ouvert le leur? Sans parler de celles qui avaient regretté qu'il ne leur ait pas demandé de le faire. Il n'avait tout simplement pas vu venir sa cinquantaine, ni ces autres champions s'avancer pour lui disputer le titre. Il se fait l'effet du type qui se présente trop tard sur la ligne d'arrivée, d'autres l'ont franchie avant lui. Ils se tiennent sur le podium, brandissant la coupe reçue des mains de la belle qui n'a même pas un regard pour le tocard qui se présente en queue de peloton, essoufflé et vaincu.

Elle lui avait simplement dit qu'elle avait besoin de réfléchir. Mais, réfléchir... s'il est un domaine où les mots masquent ce qu'ils veulent dire, c'est bien celui des choses du cœur. Demander à réfléchir est le plus souvent une façon polie de s'enfuir...

Une péniche glisse devant lui. Elle va sur le canal désert qu'irise le vent glacial de janvier, vers le sud, comme sur un chemin de vacances. Aux hublots de la cabine, deux petites filles trop blondes pour ne pas être Allemandes ou Hollandaises, agitent leurs mains à son attention. Il répond mollement à leur salut et leur adresse en retour un sourire fatigué, comme une politesse élémentaire qu'il doit malgré tout au monde avant de le quitter. La joie de ceux qui n'ont aucun péché à expier l'exaspère. Il voudrait disparaître sous terre, ou avalé par les flots. Que son cœur fatigué s'arrête de battre. Qu'un ange bienveillant vienne à sa rencontre pour lui dire que c'en est fini de ce grand barnum à quoi se résume sa vie. N'a-t-il vécu que pour en arriver là, aux portes d'un rêve brisé aussitôt qu'entrevu ? Ridicule. Il se sent ridicule...

Puis une grande fatigue emporte soudain ses colères. Le cœur aussi vide qu'un vase dont on vient de retirer le bouquet de fleurs séchées, il voudrait tomber et se briser à son tour. Il lui demande pardon. Il s'en veut d'avoir osé seulement penser ce genre de reproches. De l'avoir salie avec ses jérémiades. De se plaindre, alors qu'il est seul fautif de n'avoir pas été fichu de se montrer à la hauteur de la situation...

Il pense à la douceur des choses et des heures vécues en sa compagnie. À ces moments joyeux pendant lesquels ils se parlaient en sourires, en frôlements, en plaisirs simples partagés à l'ombre d'un vinaigrier en feu. Il se rappelle que personne n'appartient à personne. Que l'amour n'est pas un titre de propriété et qu'elle ne lui doit rien... Bien au contraire, est-ce lui qui devrait lui être reconnaissant de lui avoir réappris à rêver. À trembler d'impatience et de désir, toutes choses qu'il avait oubliées dans la longue traversée du désert à laquelle se résumaient ses cinq dernières années de solitude. Plutôt que de la maudire et l'insulter, il devrait la remercier d'avoir été celle par laquelle son cœur s'était remis à battre, son ventre à se nouer et ses jambes flageoler comme celle d'un gamin de quinze ans courant à son premier rendez-vous... Quarante ans plus tard la chose était inespérée, il lui doit bien cela, quelques mots tendres lancés dans sa direction, qui la rejoindront là où elle se tient en ce moment, par-delà ce qui les sépare aujourd'hui. Des mots tendres – comme une couverture pour l'hiver, une armure pour ses batailles – qui se poseront sur ses épaules et dans ses cheveux, pour qu'elle sache qu'elle n'est pas seule, qu'elle ne le sera plus jamais, puisque son prénom est inscrit au fer dans le cœur et la mémoire d'un homme dont elle peut être sûre qu'il l'a aimée vraiment, celui-là.

… Pourquoi en serait-elle si sûre ?

Il la revoit, les derniers soirs, accablée par les soucis du jour et la crainte du lendemain. Muette entre deux soupirs de découragement, les traits tirés et le regard fuyant. Ses lèvres se soustrayant aux baisers qu'il aurait voulu y déposer pour la rassurer. Pour les autres, ses voisins, ses clients, elle restait la bonne amie qui offrait son rire comme gage de son plaisir à commercer, mais à l'intérieur, quelque chose s'était brisé. La confiance. En elle-même, en sa capacité à conduire sa vie comme elle l'avait toujours fait. Le constat était amer, il s'inscrivait en toutes lettres dans ses livres de comptes. Elle allait devoir fermer boutique, si elle avait cru échapper à la vague qui depuis quelques années déjà, emportait l'une après l'autre les entreprises du coin, elle ne le pouvait plus. La boulangerie, la quincaillerie, un restaurant de la ville haute, le salon de coiffure y étaient passés avant elle. Et les services publics n'étaient pas en reste : le collège, la Trésorerie, la gendarmerie avaient eux aussi plié bagage. Les pas-de-porte étaient à vendre, la zone artisanale en friche et sur les vitrines des locaux fermés à double tour, des affiches lépreuses recouvraient les coordonnées du notaire inscrites à l'intention d'hypothétiques repreneurs. Qui s'en souciait vraiment, à l'exception des vieux qui regardaient s'écrouler le bourg en même temps que leurs propres existences finissantes ? Qui se doutait de la catastrophe que représentait l'obligation faite à ceux qui y avaient cru, qui avaient bossé dur, sué sang et eau, d'étaler leur échec aux yeux de tous ? Le jugement sévère de certaines grandes langues du village qui, sans s'y être jamais collées, pensaient qu'elles auraient à coup sûr fait beaucoup mieux, n'était pas la pire des conséquences : il arrivait que des adolescents se mettent à regarder de travers leurs parents ruinés, que des couples partent en fumée, qu'à la faillite commerciale s'ajoute celle de toute une existence : le rêve massacré, l'image de soi jetée au feu, les raisons de vivre dangereusement questionnées... Dans le canton voisin, on se souvenait encore du suicide de l'électricien, après que les huissiers soient venus faire main basse sur son stock à la demande de quelques créanciers...

C'était tout cela qu'elle devait affronter désormais. Alors, l'amour... Allait-il continuer à geindre comme un enfant le dimanche soir au pensionnat, ou s'engager à ses côtés dans la mêlée ?

Jan ramasse un caillou et s'avance vers la berge. Il considère un instant la surface étale du canal devant lui. *« Si je réussis à faire quatre ricochets...* Tchaf, tchaf, tchaf... Tchaf !

– ... Je serai l'épaule solide sur laquelle tu pourras t'appuyer !

Un nœud se défait dans son ventre et l'enclume qui l'empêchait de respirer tombe à ses pieds. Une larme perle à sa paupière, en même temps qu'une grande douceur venue avec les mots qu'il vient de prononcer, lui rend l'optimisme joyeux que son entourage appréciait tant chez lui jusqu'à peu. De quoi a-t-elle besoin ? D'argent. La belle affaire ! Les banquiers sont là pour en prêter, et s'il en faut plus encore, il sait pouvoir compter sur deux ou trois bons amis qui ne diront pas non. De confiance ? Si elle le voulait encore, il lui donnerait des raisons nouvelles de se savoir écoutée et comprise, à l'abri des désillusions et des promesses vaines trop de fois entendues dans des bouches menteuses. Elle apprendrait à frissonner sous d'autres caresses, de celles qu'elle ne lui a pas laissé le temps d'inventer pour elle. Mais elle ne le veut plus. Sait-elle ce qu'elle veut d'ailleurs ? Etre libre ?... Mais qu'est-ce que cette liberté dont l'époque nous rebat les oreilles, cette liberté proposée à la vente à crédit, dans les flots de slogans publicitaires et les boniments des gourous du développement personnel ? Lui qui ne peut plus rien promettre et qui n'a rien à vendre, voudrait la convaincre d'opter pour le bonheur… *« Je ferai un domaine où l'amour sera roi, où tu seras reine ».* Cette chanson lui revient en même temps qu'une certitude joyeuse : la rendre heureuse chaque jour, effacer de son existence l'ennui, le manque de tendresse et la peur du lendemain, ça oui, il saurait faire…

Pour elle, il veut être cet homme-là. Sans s'inquiéter de ce qu'elle fera de lui après la bataille. De cela, l'avenir seul décidera… S'il lui reste une chance de la reconquérir, c'est bien celle-là et il ne la laissera pas passer : l'aimer sans conditions et sans exigences. Comme le trapéziste qui s'élance dans le vide, sans réelle garantie que sa partenaire qui se balance, là-bas devant lui au-dessus du gouffre, sera bien au rendez-vous et lui tendra la main au bon moment. À tout prendre, mieux vaut le risque de s'écraser sur la piste que de vivre avec le regret de n'avoir pas osé...

Bien sûr, il l'aurait voulue sans passé ni mémoire. Sans blessure, ni regret, ni chagrin. Il avait rêvé d'une rencontre vierge de toute peur, de toute histoire. Avec juste la soif et la faim de se connaître et d'apprendre à s'aimer. Cette femme par laquelle il voulait renaître, il l'avait imaginée libre des regards qui l'avaient autrefois embrasée. Libre de tout autre amour, heureuse de se donner à lui, de le suivre et de sombrer par-delà l'horizon de son enfance, avec au cœur, une seule espérance : être sa femme, son amour. Son adorée...

Mais puisque la vie en a décidé autrement, il ne jouera pas cette fois le rôle de l'homme triste que son amertume rend méchant. Au contraire sera-t-il pour elle le rais de lumière sous la porte close, par lequel elle pourra croire en son prochain printemps. L'appui dont elle a besoin pour assurer son pas avant de s'élancer et de reprendre son vol. L'amour qui ne demande rien et apprend à se réjouir d'un bonheur qui ne sera jamais le sien... Oui, il sera cet homme auquel elle ne devra rien. Ni larme, ni trahison, ni espérance déçue.

Dans cette campagne déserte que le froid de la saison semble avoir vidée de toute forme de vie, Jan a le sentiment d'avoir fait un grand pas dans la compréhension des freins qui ont longtemps ralenti son pas. Compromis des histoires qui pourtant partaient du bon pied, avant de se fracasser sur le pavé des incompréhensions et des jalousies. Un grand soleil blanc déchire le voile de brume qui alourdissait le ciel depuis l'aube. Par-delà le canal, la silhouette de la maison des amours impossibles se dessine. Au pied de la forteresse longtemps convoitée, il renonce à la conquête. S'en remet au hasard des marées du cœur pour la ramener un jour vers son rivage. Si elles ne l'emportent pas au loin vers le grand large…

Il lui faut lever le camp, accepter la défaite. L'idée qu'il n'aura été pour elle que le compagnon des mauvais jours. Le serviteur fidèle qui se sera tenu à ses côtés dans le combat et dont la vue de ses blessures lui rappellera à tout jamais un temps qu'elle voudra oublier. Le plus probable est que ce soit sans lui qu'elle veuille réapprendre à vivre.

… Hé bien, l'important est qu'elle vive et revive. Qu'il lui ait été donné un jour de la rencontrer et qu'un instant, un instant seulement, un instant au moins, elle ait cru reconnaître en lui celui qui allait la délivrer de ses démons. Un instant seulement, trois jours ou toute une vie, qu'est-ce que ça change à l'éternité amoureuse des femmes et des hommes? L'important est cette brûlure dont ils se souviendront plus tard, et ce même sourire désolé qu'ils s'adresseront alors par-dessus le monde et le temps qui aura passé, en se disant qu'ils auraient pu faire mieux... Oui, l'important est bien cette brûlure.

Jan n'a plus froid, il n'a plus mal non plus. L'hiver peut bien agiter au-dessus de la berge ses grands bras décharnés et ses mains crochues aux ongles de givre. À ceux qui ont tremblé sous l'orage et abandonné en chemin l'illusion folle de diriger le cours de l'amour, de nouveaux printemps sont toujours promis...

3 – Contretemps dans le mouvement perpétuel.

« Le 22 septembre aujourd'hui je m'en fous
Et c'est triste de ne plus être triste sans vous »

Georges Brassens, *le vingt-deux septembre.*

Chaque jour, réapprendre à vivre. Très tôt, cette idée m'est tombée des cheveux comme un désir d'errance, un projet de voyage. L'envie d'être amoureux, d'écrire un livre, de faire un enfant. Un de ces trucs que l'on se promet de faire un jour, quand on a vingt ans, toute la vie devant soi et que le soleil ne brille que pour nous…

Aujourd'hui, je repose mon corps fatigué et mon cœur qui s'étonne de battre encore, mes souvenirs en balade et mes rêves en charpie, sur le seuil de ma vieille maison que caresse un rayon de printemps. Il fait un temps à être heureux, par quel miracle mai chaque année nous est-il redonné ?

L'odeur des lilas et des roses est une promesse de bonheur bien incertaine – une de celles dont les pauvres gens apprennent à se contenter – mais au moins savons-nous que nous allons vers les beaux jours… Un chant retrouvé des étés enfuis tombe des arbres alentours qui ont revêtu leurs habits neufs. De nouveau enfeuillés, ils ont des allures de forêt dans laquelle, de sous-bois en futaies, mille oiseaux reprennent la partition millénaire d'un hymne à la joie toujours renouvelé.

Ça a été rude, mais toutes ces semaines passées à vouloir mourir se sont dissoutes avec les dernières gelées.

Me voici redevenu pierre du temps, un cœur au repos. Elle m'avait pris puis jeté... Et alors ? Loin de m'entraîner vers ces abîmes où l'ego a rendez-vous avec sa souffrance inutile, une conscience nouvelle de mon insignifiance m'aide à regarder en face le soleil du matin. Ne plus espérer, ne plus rêver. Ne plus rien attendre, ni de l'amour ni de l'avenir a été un apprentissage douloureux, mais aujourd'hui, que reprocherais-je au jour qui se lève ?

Je me sens dans la peau de cet évadé qui vient de passer la frontière et s'accorde enfin de rire à gorge déployée de sa liberté conquise sur ses poursuivants. Adieu le chagrin, l'amertume et les espérances déçues. Adieu le désir fou et le besoin de cette voix, de ce corps adoré un temps comme la croix sur laquelle j'aimais qu'elle me crucifie.

Devais-je rester longtemps encore avec ce prénom sur les lèvres, comme un désespéré la pierre au cou sur la rambarde ? De quel droit l'encombrer encore de lettres fiévreuses et d'assurances inutiles ? Des projets dont elle m'a rejeté et de mes espoirs de reconstruction amoureuse dans la douceur de cette vie entrevue auprès d'elle ? Pourquoi ce contretemps dans le battement des cœurs qui avaient voulu un temps battre à l'amble et se regardent aujourd'hui comme des étrangers ? Peu importe au bout du compte, je renonce à savoir si elle était vraiment cette femme brisée qui n'avait plus rien à donner, ou cette reine trop habituée à voir les hommes se prosterner à ses genoux pour s'émouvoir à me regarder vendre pour elle ma dernière chemise. Là n'est pas la question, je la lui ai donnée de bon cœur.

… Quelque part en Méditerranée, chaque jour ou presque, des hommes et des femmes s'accrochent au bastingage d'un rafiot, comme à une planche de salut à laquelle ils ont confié leurs espoirs de survie. Ailleurs, des gamins de quinze ans enfermés dans un bunker regardent s'avancer une armée de libération à laquelle ils refuseront de rendre leurs armes, persuadés qu'ils sont d'être suffisamment vieux pour mourir au nom d'un idéal de vieillards. Des bombes explosent un peu partout dans le monde, des mères mettent au monde leurs enfants qui ne survivront pas à leur malchance d'être nés au mauvais endroit. Pendant ce temps, dans les files des abattoirs de nos sociétés repues, on égorge à la chaîne des animaux terrorisés par leur destin de gigots ou de filet mignon – de cette façon ou d'une autre, comme si égorger de cette manière-ci plutôt que de celle-là pouvait ne pas être pécher. Et quand il n'y a plus de porcs ni de moutons, on s'entre-égorge entre humains, comme ça, au nom du Califat ou de la guerre juste. Cette conscience des choses vous interdit de pleurer sur vous-même.

La lucidité à laquelle nous oblige le malheur du monde quand il vient crier sous nos fenêtres à l'heure du journal télévisé nous impose une forme de décence dans nos commerces. Pleurer sur soi ne sert qu'à faire monter les eaux du malheur universel, tarir la source des joies simples et des solidarités nécessaires qui, tout autant que la loi de la gravitation, assurent un sursis à notre bonne vieille Terre dans son obstination à continuer de tourner en rond sur son axe. La simple idée de notre responsabilité envers l'écosystème nous interdit d'ajouter à l'étang de larmes que remplissent depuis toujours tant de tristesses dérisoires. Pourtant, *« nous étions faits pour être libres/ nous étions faits pour être heureux »*, il suffit de ces deux vers pour que j'en revienne à ma vocation première. Je n'ai plus le temps de m'attarder dans le passé des femmes, à réparer des enfances tordues, des cœurs découragés. À porter des chagrins qui ne sont pas les miens.

L'amour, c'est des mots. Ceux que l'on prononce dans la déraison du désir, comme ceux de nos promesses, ceux que l'on murmure dans l'ombre d'une porte cochère où l'on s'invente un coin de ciel bleu, la nuit en attendant que cesse l'averse sur la ville, ceux que l'on dit pour se réconcilier après l'orage, ceux que l'on tait même, construisent des cathédrales promises à la destruction. Il est si peu de ces monuments de chair et de passions qui ne finissent par s'écrouler sous l'effet du temps et de la rouille des sentiments. Celui que j'avais voulu reconstruire pour elle s'est effondré sous le poids de son indifférence.

Ainsi donc m'aura-t-il fallu aborder aux rives de la soixantaine pour prendre la mesure du champ de ruines de tant d'affections dont j'avais fait mon domaine. Je l'arpentais à grands pas – mes amitiés de jeunesse, l'amour retrouvé à chaque fois que je le croyais perdu – certain que le meilleur était toujours à venir. Mais tant de mes amis de ce temps-là sont morts déjà, et celles que j'ai aimées ont depuis longtemps oublié de quelle tendresse et de quelle folie nous emplissions nos nuits. Bénis sont ceux qu'épargnent les vents contraires, les amants qui n'ont rien à se reprocher, les amoureux qui n'attendent rien de l'autre que la joie qu'ils trouvent à se réveiller chaque matin dans la brume de son rêve, comme des enfants au pied du sapin de Noël.

Pour ce qui me concerne, d'aussi loin que je me souvienne, il se pourrait que j'aie à chaque fois été le seul à croire à l'engagement de ces mots que l'on ne devrait dire qu'une seule fois et puis se taire. Je t'aime, et puis se taire par crainte de mentir. Se tenir heureux dans l'écho de cet aveu porté dans chaque baiser, chaque instant passé à en reconnaître la force, la douceur et le désir d'éternité. C'était un rêve. Je ne rêve plus…

Aimer encore pourtant. Une fois oubliées ces femmes dont le cœur bat entre leurs cuisses, qui vous disent « baise-moi, je te baiserai de bien d'autres façons » lorsqu'elles vous murmurent je t'aime, aimer plutôt le bruit de la rivière qui court, là-bas, dont le pas sur la cascade enveloppe l'alentour d'un bruit familier. L'eau, le ciel – aujourd'hui bleu indigo, l'aimer aussi lorsqu'il est d'un gris de robe de bure – les arbres, les oiseaux. La haie de houx et de seringas, à l'ombre de laquelle vit un monde de fourmis, de papillons et de syrphes, ignorant tout de l'orgueil et des illusions de toute puissance des hommes. Être un syrphe, ça doit être bien… Ça doit être bien, oui, de vaquer à son destin d'insecte, inconscient de son inutilité sociale, de son inexistence légale et du peu d'importance qu'il y a à vivre et à mourir. Vraiment, ça doit être peinard…

Puisque cette chance m'a été refusée, il me faudra bien me lever et rejoindre le troupeau de temps à autre. Dire bonjour, merci, comment ça va? Les mots de passe de tous les jours, comme un Ausweis d'une civilité élémentaire qui me garantira l'anonymat salvateur dans lequel je me tiendrai désormais. Loin de l'agitation mondaine de l'enfer sartrien, de ces autres qui me voudraient disponible et joyeux malgré l'expérience de la vacuité, de l'abandon et de la perte. Il m'a fallu redoubler et l'apprendre deux fois cette leçon, mais aujourd'hui c'est bon, je l'ai mon diplôme… me voilà docteur *es* lucidité.

Réaliser un jour que l'on n'est plus désiré, plus baisable, plus *bancable* est une préfiguration de la mort. Non pas de cette fermeture de la parenthèse physiologique que craignent ceux qui croient que le monde a commencé et disparaîtra avec eux. De cette aptitude, plutôt, à prendre place parmi les éléments: (re)devenir l'eau, le vent, le feu et voir à nouveau le monde de l'intérieur. Le percevoir comme on le percevait à travers la membrane de la matrice originelle et retrouver ce regard d'enfant sur les choses, les gens, les bêtes. Ce regard attentionné et curieux que n'entachait aucun désir de posséder. Nul calcul des bénéfices attendus de notre relation à l'objet.

Un jour, on se découvre seul, la vie en grande partie passée déjà. On fait le compte de ce que l'on a aimé, désiré et reçu, de ce que l'on a espéré ou combattu. Toutes ces choses qui nous ont fait battre le cœur et par lesquelles nous nous sommes construits. Celui que l'on voulait être se tient à nos côtés, penché sur nos comptes, selon le jour et l'humeur, un rictus amer ou un sourire bienveillant aux lèvres. Il ne dit rien, mais on devine à son regard qu'il nous a pardonné. Le jeu était de toute façon mal engagé, dont il a fallu apprendre la règle en cours de partie. On a fait ce qu'on a pu avec les cartes qu'on nous a données. D'autres après nous à qui sont réservés l'as et les atouts feront beaucoup mieux. Cette pensée que nous aurons pu être cela au moins, une leçon de vie dans le Grand Livre de l'histoire des hommes, est une consolation. Rien d'une existence ne vaut d'être renié. Il fallait bien prendre ce chemin par lequel nous sommes passés pour arriver à ce promontoire d'où le regard embrasse le paysage d'une vie. À l'Ouest, là-bas, le soleil décline, mais de l'incendie crépusculaire qui embrase le ciel surgiront d'autres printemps. Ils ne ressembleront pas à ceux de nos vingt ans et peu importe que les fleurs de leurs cerisiers tombent sur nos échecs, comme le linceul qui nous est promis. Surtout, ne pas craindre la tombée du jour. Se prémunir de l'amertume et des regrets, autant que de la variole ou du sida. De cette précaution élémentaire apprendrons-nous l'indulgence par laquelle, quels que soient le jour et l'heure, la cause et la façon, c'est bien d'amour que nous mourrons...

... Comme une biche dans le sous-bois à l'approche du promeneur, l'après-midi à peine là s'est enfuie. On dirait qu'écrire est une façon de chausser les bottes de sept lieues. Où que l'on dirige ses pas, le voyage imaginaire vous rend à la réalité sans que vous ayez vu le temps passer... La nuit est venue. Je lève les yeux vers le ciel qui a posé sur ma tête son chapeau d'étoiles. Encore une fois, je murmure ces mots appris dans une lointaine enfance et qui, aujourd'hui plus que jamais, prennent sens et consistance. *Que ta volonté soit faite*... Par dépit ou par sagesse? Je me souviens de ce poète – mon ami et mon maître qui m'a appris à aligner les mots, non pour la rime, pour la cérémonie de la rencontre et du partage plutôt. Lui, posait la question ultime en ces termes: Par hasard ou par Dieu? Peut-être que tous nos rêves, nos pensées, les connaissances que l'on accumule, les chansons que l'on retient ne servent qu'à ça? Nos efforts de mémoire, les idées que l'on défend, nos rires, nos bavardages, les larmes que l'on retient, les promesses que l'on ose et celles dont le temps nous délie...

Et si, poètes ignorant tout de la richesse que nous portons dans nos voix, nous ne vivions que pour ajouter à l'écho du monde la note pure d'un mot généreux – de ceux qui ont aidé l'humanité à sortir de ses cavernes? Alors, Daniel Slimak n'aurait traversé la vie, un bouquet d'étoiles à la main, que pour nous laisser ces vers de cristal:

« Car il est vrai qu'au lieu de taire
ce qui en nous est important
nous devrions crier je t'aime
à la folie, passionnément
en pétales de chrysanthème
nous devrions compter le temps »

Le vent ce soir pose sur mon visage les caresses que le jour m'a refusées. Et tandis qu'une lune amusée se dégourdit les jambes là-haut sur la crête, un vent de presqu'été dévêt la nuit de ses dessous de soie. L'ombre a la douceur d'un rêve consolateur portant dans sa mémoire le souvenir de tout ce que j'ai vécu depuis le premier jour. Ce chemin d'amour, de bonheurs et de peines confondus. Rien de tout cela n'a d'autre importance que de m'avoir conduit ici, à cette heure où il n'est plus temps de tirer des plans sur quelque comète lointaine. Tout est bien. Tant pis pour le temps perdu et la belle en allée. Tant mieux pour la liberté d'esprit conquise et ma disponibilité au monde retrouvée.

La vie, de jungles urbaines en déserts arctiques, de solitudes douloureuses en fêtes retrouvées, de rêves déraisonnables en défaites qu'il fallait bien connaître : des gouffres et puis soudain, à nouveau… la joie !

Bucey-les-Gy, octobre 2018- juin 2019.

JOUVE-Print - 733, rue Saint Leonard, 53100 Mayenne - Imprimé sur presse numérique
N° 2966649W - Dépôt légal : septembre 2020 - Imprimé en France